마흔, 나를 빛내는 시간

마흔, 나를 빛내는 시간

더 나다운 나를 찾아가는 이야기

라이팅시온

더나나스토리

prologue

엄마로 살면서도 '나'로 살아가며, 꿈을 꾸고 살 수 있다는 아주 작은 희망

내가 왜 사는지, 왜 살아야 하는지 삶에 의미나 목적을 모른 채, 하루하루 주어진 삶에 열심히 살다 보니 어느덧 삼십 대의 중반, 두 아이의 엄마가 되어 있었습니다. 오랫동안 다니던 직장을 그만두었고, 내가 가지고 있던 모든 타이틀을 내려놓고 제주로 이주해 온 지는 5년 즈음 되었나 봐요. 살면서 처음 느껴보는 우울이라는 감정에 푹 빠져 1년여를 나만의 동굴에 갇혀, 답답하기만 한 시간이 있었어요.

남들 보기에 번듯한 꽤 괜찮은 직장에서 13년을 편안하게 잘 다녔어요. 열심히 일했고, 안정적으로 돈을 벌었고, 하고 싶은 것들을 실컷 하며 살던 20대의 시절이 있었어요. 경제적 안정은, 내 맘대로 살 수 있는 자유를 주었기도, 그렇지 않기도 했었습니다. 사고 싶은 물건들을 맘껏 살 수 있었고, 먹고 싶으면 먹었고, 놀고 싶으면 놀았어요. 직장생활의 답답함은 주말에 전국을 여행하거나, 가끔 일본이나 필리핀 등 해외를 여행하며 풀기도 했었어요.

하지만, 그런 물질적인 것들로는 채워지지 않는 마음 한쪽의 공허함이 늘 있었습니다. '내가 원하는 일'이 아니라는 것이 첫 번째였고, '내가 원하는 삶'을 살고 있지 않다는 것이 두 번째 이유였어요. 도저히 끊을 수 없는 월급이라는 마약을, 제주 이주를 핑계로 힘들게 내려놓았고, 도망치듯 제주로 오게 되었어요.

제주에서만큼은, 무언가 다른 삶을 살 수 있을 거라고 착각했었던 거지요. 그 환상이 깨어지는데 딱 5년이 걸렸나 봅니다. 제주로 와서 남편과 작은 가게를 인수하여 운영

하기 시작했고, 운이 좋게도 가게는 잘 되었어요. 늘 그랬듯 주어진 현실에 하루하루 열심히 살던 어느 날, 이것 역시 내가 원하는 일, 삶이 아니라는 생각이 들기 시작했어요.

그때부터 마음이 답답해지기 시작했어요. 제주도만 가면 내가 원하는 삶을 찾을 수 있을 거라 생각했는데, 이곳 역시 똑같이 사람이 살아가는 곳이었을 뿐이었어요. 1년여를 답답함에 나를 방치했었어요. 하루하루가 우울하고, 무기력하고, 자존감은 바닥을 치고 있었어요. 그러던 중 우연히 도서관에서 만난 「서툰 엄마」라는 책 한 권이 저의 삶을 변화시켜주었어요. 매일 '나'와 만나고, '나'와 연애하고, '나'를 사랑해준다는 작가님의 이야기는 살면서 한 번도 '나'에 대해 제대로 알아보려 하지 못했던 저에게 꽤 신선한 충격을 안겨주었습니다.

그길로 곧장 화장실로 달려가 거울을 보며 "유진아"라고 소리 내 처음으로 내 이름을 불러주었어요. 순간 얼마나 복받치는 뜨거운 눈물이 흘러내리는지, 그제야 저는 살면서 공허했던 그 이유의 원인을 알게 되었어요. 바로 '나', 내가 없는 삶을 살아왔던 거였지요. '나'라는 알맹이가 쏙 빠져있는 텅 비어있는 껍데기로 엄마 노릇, 아내 노릇까지 하며 살다 보니 어느 역할도 제대로 해내지 못했어요. 당연히 사는 게 버거울 수밖에 없었습니다.

가능한 있는 그대로의 '나'를 만나며, 내가 좋아하는 것들을 해주기 시작한 시간이 벌써 1,000일이 지났습니다. 나에게는 참 다양한 모습들이 있었습니다. 선천적으로 느리고 게으르다고 생각했던 내가 사실은 좋아하는 일에는 빠릿빠릿하게 열정을 다해서 해낼 수 있는 사람이었고, 글은 나와는 다른 세상에서 사는 사람들이 쓰는 줄 알고 있었던 내가 이렇게 글을, 아니 책을 쓰게 될 줄은 나와 만나기 전에는 미처 몰랐던 일이었어요.

이제야 '내가 하고 싶은 일', '내가 원하는 삶'이 무엇인지 조금은 알 것 같습니다. 그리고 그 일들이 꼭 일(job)이 되지 않아도 얼마든지 할 수 있다는 것도, 하고 싶은 일을 하기 위해서는 하기 싫은 일도 해야만 한다는 것도 조금씩 알아가고 있습니다.

나에게 성장은, 더 나다운 나를 찾아가는 과정입니다. 매일매일 쌓아가는 이 과정들로 조금 더 나답게 빛나는 오늘을 살아갈 수 있는 것이지요.

나의 우울했던 시간은, 내 안에 꼭꼭 숨겨두고 가둬두었던 '내'가 외롭다고 외치는 아우성이었어요. 지금 나는 '나'를 사랑하는 '엄마'로 살아가고 있습니다. 있는 그대로의 '나'를 안아주고 사랑해주었더니 아이들도 보이기 시작했습니다. 존재 자체로 나에게 사랑인 아이들을요. 온전한 내가 되니, 온전한 엄마도, 아내 노릇도 제대로 해낼 수 있다는 것을, 나의 변화와 더불어 변화하는 남편과 아이들을 보며 느끼게 되었습니다.

'나'를 알아가기 위해서는, 하루 잠깐이라도 내 마음속 작은 이야기를 들어주고자 하는 시간과 정성만 내어주면 됩니다. 내 마음속 작은 이야기는 결국 '꿈'이 될 거예요. 나도 모르게 어느 순간 꿈이 생기게 되었고, 이렇게 글을 쓰며 꿈을 이루어나가고 있습니다. 제 꿈은 이 책 한 권으로는 끝나지 않을 것 같습니다. 앞으로 하고 싶은 일들이 너무너무 많거든요. 하지만, 천천히 시간을 두고 걸어가는 방법을 알아가고 있습니다. 성장은 결과가 아닌 과정이기에, 내가 오늘 살아가는 삶이 저의 내일이 될 것이니까요.

올해로 서른아홉이 되었습니다. 이제 곧 마흔이 될 것이고요. 마흔을 앞둔 저의 마음은, 솔직히 말하자면 아주 많이 설렙니다. 진짜 '나'로 살아가는 시간은 이제부터가 시작이니까요. 어쩌면 지금까지 살아온 삶보다 살아갈 날이 더 많을 수도 있기에 남은 삶이 기대되는 건 당연한 일이겠지요. 지금 가는 이 길을, 비록 시간이 걸리더라도 포기하지는 않을 자신이 있거든요.

살다 보면, 삶이 나에게 보내는 수많은 파도에 휩쓸리고, 바람에 흔들릴 날도 있을 거예요. 그럴 때마다 '나'를 사랑하는 이 힘으로 내 두 발을 땅에 단단히 내디디고 굳건히 버텨보려고 합니다. 비록 엄마 역할만 충실히 하는 좋은 엄마는 못될지언정, 자신의 삶을 잘 살아내는 행복한 엄마로 아이들에게 기억되고 싶고, 아이들도 각자 자신의 삶을 나답게 살아갔으면 하는 작지만 큰 바람을 가져봅니다.

이 책은 주어진 일상을 살아내며 삶에 끌려다녔던 평범한 엄마가, 나를 만나고 사랑하기 시작하며 변화했던 시간을 솔직히 기록해보았습니다. 혹시나 힘들었던 시절의 저처럼, 삶이 버겁고 힘든데 어디서부터 어떻게 시작해야 할지 알 수 없어 답답한 엄마들에게, 엄마로 살면서도 '나'로 살아가며, 꿈을 꾸고 살 수 있다는 아주 작은 희망 하나가 되어줄 수 있었으면 하는 마음을 한가득 담아 응원을 보내드립니다.

마흔, 나를 빛내는 시간

contents

프롤로그

Part 1 마흔, 나를 빛내는 시간

- *016* 거침없이 제주이주
- *022* 뒤늦은 사춘기
- *026* 서툰 엄마, 나를 찾는 여행의 시작
- *032* 내 마음 속 울고 있는 어린아이
- *038* 노랑머리? 옐로우카드!!
- *042* 69kg?! 70의 문턱에서
- *048* 나는 매일 새벽 머리를 감는다
- *052* 말하는 대로, 바라는 대로
- *056* 미모하다, 예뻐졌다
- *062* 나에게 먼저 물어봐주기

066   아직, NOT YET!

072   괜찮아, 잘하고 있어

080   부캐가 본캐로

086   갓시온? GOD 시온!

092   꿈과 거리두기

096   새로운 길 위에서, 낯선 나를 만났다

102   나는 살기 위해 쓴다

108   보고 싶다는 말

112   나는 감히 마흔이 설렌다

118   흔들리지 않는 편안함

Part 2 **나를 찾아가는 SNS 기록들**

에필로그

마흔, 나를 빛내는 시간

Part 1

더 나다운 나를 찾아가는 이야기

거침없이
제주이주

―――――

"국장님, 저 퇴사하겠습니다."

회사에 다니면서 늘 퇴사하는 순간을 기대했다. 사표를 낸다는 것은 도대체 어떤 느낌일까, 아무리 상상해도 감이 오지 않았는데 드디어 그날이 왔다. 조심스레 이야기를 꺼내는 내 얼굴엔 도무지 감출 수 없는 흥분이 새어나오고 있었다.

"그만두고 뭐 하려고?"

"저 시골 가서 살 거예요. 제주도로 가려고요."
"길가에 고양이도 무서워하는 유진씨가 시골에서? 어떻게 살려고 그래? …정 힘들면 일단 육아휴직이라도 해보는 건 어때?"

진심으로 나를 걱정해주시는 국장님의 배려는 감사했지만, 그 제안을 받아들일 마음은 추호도 없었다. 육아휴직이든 실업급여든 다 필요 없었다. 더는 이 회사랑 어떤 이유로도 엮이고 싶지 않을 만큼, 나는 지쳐있었다.

스무 살에 입사해 13년을 꼬박 다닌 회사였다. 고졸로 들어간 직장치고 연봉도, 복지도 꽤 괜찮았고, 나름대로 인정받으며 대리라는 직급까지 무난히 올라왔으나 이 회사는 대리로는 마흔 살까지만 다닐 수 있었기에 과장으로 진급을 할지 아니면 대리로 만족하다 마흔 살에 그만둘지 고민해야 하는 시점이었다. 다만 그동안 여직원에겐 과장 진급을 시키지 않는 대신 타지역 발령을 내지 않고 거주지와 가까운 지역에서 근무할 수 있게 해주었는데, 새로 바뀐 회장님의 철칙에 따라 여직원도 타지역 발령을 조건

으로 과장 진급을 시켜주는 분위기였다.

퇴사하겠다 이야기를 꺼냈을 때는 회사에 인사발령이 있을 거라는 소문이 돌고 있었고, 나는 울산에서 태어나고 자라 어린아이 둘을 낳아 키우며 일을 다니고 있을 때였다. 나도 과장 진급 대상자가 되기에 다른 지역으로 발령이 날 거라는 소문이 돌았다. 안 그래도 아이들을 낳고 더욱 마음이 떠있던 회사에서 아이 둘의 엄마를 타지역으로 보낸다니, 남편과 맞벌이를 하는 나에게는 나가라는 소리로만 들렸다. 그리고 나는 그렇게는 못 하겠다고 당당히 사표를(회사가 원하는 대로) 내버리고 만 것이었다.

울산에서 가까운 부산이나 대구로 발령을 받는다고 하더라도 고작 세 살, 네 살의 한창 어린 연년생 아이들을 두고 다른 지역으로 간다는 건 상상도 되지 않았기에 더 고민할 것도 없었다. 그리고 이건 기회였다. 늘 꿈만 꾸었던, 제주도로 이주할 수 있는 절호의 기회.

오랜 직장 생활을 이어가며 아이 둘을 낳고 키우는 나도,

과장직에 위아래로 치이며 전쟁 같은 육아를 함께 해 온 남편도, 지쳐있었다. 하지만 맞벌이로도 빠듯한 살림에 누구 하나 회사를 그만둔다는 건 상상 못 할 일이었다.

'여보, 나 회사 그만두고 싶어.'

진지하게 이야기해 보지 않은 것은 아니었으나 남편으로서도 별수가 없기에 동의는 얻어내지 못했고, 서로 자신의 힘든 점만 쏟아내다 끝끝내 싸움으로 끝이 났다. 우리를 지켜본 동생이 언니랑 형부 이혼하는 줄 알았다고 말할 정도로, 당시의 우리 사이는 냉랭 그 자체였다.

어쩌면 제주 이주 계획은, 그저 힘든 현실로부터의 도피였을지도 모르겠다. 아무리 치사하고 더러워도 끊을 수 없었던 마약 같은 직장 생활을, 월급을, 고향을 그렇게 끊어냈다. 아무 준비 없이 도망치듯 떠나 온 제주였기에 터 잡는 데만 긴 시간이 걸렸다.

 그때는 나를 힘들게 하는 회사를, 답답한 도시를 벗어나 제주로만 가면 모든 것이 다 해결될 줄 알았다. 하지만 그건 엄청나게 큰 오산이었다. 제주 역시 먹고 살아야 하는 또 다른 현실이라는 것을 미처 몰랐다.

홀가분한 마음으로 제주에 온 후, 우리는 불안정한 생계로 그 대가를 치르고 있지만 가장 소중한 걸 얻었기에 이 선택을 후회하지는 않는다. 혜민 스님의,「멈추면 비로소 보이는 것들」이라는 책 제목을 참 좋아하는데 지금의 내 삶이 꼭 그렇다. 그날 퇴사를 선택했고, 긴 시간 지속되던 일상을 멈추었기에, 지금의 내가 있다. 이렇게 남편의 지지와 응원을 받으며 카페에서 글을 쓰고 있는 내가. '나'를 사랑하며 '아이들'도 사랑할 수 있는 멋진 엄마가 된 내가. 너무 오랜 시간 한 우물만 파느라 깊고 좁은 구렁에 빠져있다가 비로소 알을 깨고 더 넓은 세상으로 날아오르려 하는 내가.

퇴사를 결심하고, 회사 바로 건너편 강가를 산책하다 문득 하늘을 올려다보며 한없이 눈물만 흘렸던 기억이 있다. 바로 코앞에 있는 이 산책길도 강가에 예쁘게 피어 있는 꽃들도, 그토록 좋아했던 하늘도 나는 제대로 눈길 준 적이 없었다는 것을 그제야 알았다.

지금 내 핸드폰엔 제주의 숲, 바다, 하늘, 그리고 그러한 자연을 마음껏 누리는 두 아이들과 남편, 가족과 나의 행복한 시간으로 가득 차 있다. 아름다운 것을 보며 감탄할 수 있는 여유를 가진 것만으로도, 그때 멈추길 참 잘했다.

뒤늦은
사춘기

유진이는 화내는 모습을 본 적이 없어.
항상 밝고 긍정적인 좋은 사람.
화를 낼 줄 모르는 사람.
잘 웃는 사람.

학창시절 즐기던 싸이월드 홈피 메인에는 일촌(지금 인스타 인친 같은 개념)들이 일촌평을 남기는 공간이 있었다. 그곳에 나의 일촌들은 하나같이 나를 '화내지 않고 항상 웃는 긍정적인 사람'이라고 평가했다. 그 말은 맞기도, 틀

리기도 하다. 사람들에게 보여주는 내 모습을 생각해보면 맞는 말이었지만, 혼자일 때 내 모습을 생각해보면 틀린 말이었다. 아무리 천성이 착한 사람이라고 할지언정, 어떻게 화 한번 내지 않고 살아갈 수 있을까. 웬만하면 화가 잘 안 나는 성격이기도 했지만, 화를 잘 안 내려고 했다는 표현이 더 정확할 것이다.

두 아이를 키우고 살면서 처음 보는 나를 만났다. 소리 지르고, 화내고, 감정을 주체하지 못해 폭발시키는 나였다. 사는 게 힘들고, 내 한 몸 고사하기 힘든 엄마는 못나게도 그 화풀이를 아이들에게 다 했다. 고작해야 네다섯 살, 말귀도 못 알아 듣는 어린 아이들에게 말이다. 아이이기에 당연히 할 수 있는 행동들에도 불같이 화를 냈는데, 지금 생각해보니 그 화는 아이들이 아니라 나 자신에게 낸 거였다.

'어쩌다 이렇게 변했을까?'

나도 알지 못했던 이상한 내 모습이 참 낯설었다. '이러면

안 되지.' 하면서도 주체할 수가 없었다. 고작 이런 사람밖에 되지 못하는 건지, 낯설고 부족한 내가 미워 미칠 지경이었다. 그렇게 친절하고 밝고 상냥하다던 나는 어디 갔을까. 왜 이렇게 됐을까. 진짜 내 모습은 뭘까. 나에 대한 질문은 거기서부터 시작됐다. 내가 모르던 나의 모습. 그저 밝고 착한 줄 알았는데, 그 안에 숨어있던 악마 같은 나의 모습. 게다가 다른 사람에게는 절대 보여주지 않으면서(심지어 남편에게까지도) 세상 가장 약한, 그리고 소중한 나의 아이들에게만 보여주는 못난 모습. 그걸 받아들이는 게 쉽지 않았다.

다른 사람들 앞에서는 온갖 착한 척을 다 하면서, 다분히 이중적인, 아니 다중적인 나였다. 훈육이라고도 할 수 없고, 그냥 나 혼자 소리치고 나 혼자 삐졌다고 해야 맞을 것이다. 그런데도 늘 엄마를 좋아해 주는 아이들을 보며 양심의 가책을 느끼고 자책했던 시간이었다.

나도 화낼 줄 아는 사람이라는 걸, 나도 못난 모습이 있다는 걸, 아이들을 키우며 알았다. 그리고 계속 이렇게, 나를 통제하지 못한 채 살면 안 된다는 생각이 들었다.

'나는 좋은 사람'이라는 프레임을 깨기로 했다. 나에게도 감정이 있다는 걸 인정하게 되었다. 이래도 "응." 저래도 "응." 사람들에게 맞추며 살아왔기에 화나지 않았고, 싸우지 않았다. 오랜 시간 써온 가면을 아이를 키우며 느꼈고, 내가 나를 있는 그대로 인정한 순간 나는 그걸 벗어 버리기로 했다.

서툰 엄마,
나를 찾는 여행의 시작

우울하고 무기력한 날들이 이어졌다. 이렇게 살기 싫은데, 뭐라도 하고 싶은데, 뭘 해야 할지 모르겠는 나날들. 그저 술에 취해 잠이 들고, 아침이면 무거운 몸을 일으켜 아이들을 유치원과 어린이집에 보내고 가게에 일하러 나가고, 또 저녁이면 술 마시고 잠들고. 분명히 내가 원하던 삶은 이런 삶이 아니었다. 이러려고 모든 걸 내려놓고 제주까지 온 건 아니었는데 말이다.

"여보, 나 너무 우울해. 아무래도 병원에 가봐야 할 것 같아."

용기 내서 꺼낸 말이지만, 남편은 대수롭지 않게 여겼다. 나를 표현하는 일에 서툴렀기에 주변 사람들은 내가 힘들다는 것을 눈치채지 못했다. 속으로는 오만가지 생각과 고민으로 자책하고 세상을 원망하면서, 겉으로는 괜찮은 척, 잘사는 척을 했으니 당연한 결과였을지도 모른다.

그나마 다행인 건, 끝까지 책은 놓지 않았다는 거다. 우연히 도서관에서 만난 책 한 권에 내 삶이 바뀌었으니 말이다. 그 시기, 스스로도 잘 챙기지 못하고 아이들은 방치하던 못난 엄마였기에 나는 「서툰 엄마」라는 책의 제목에 자연스레 이끌렸다. 그 책은 제목만으로도 나를 반성하게 하고 동시에 날 위로했다.

「서툰 엄마」를 쓴 옥복녀 작가는 초등학교 선생님이다. 결혼하고 몇 년이 되지 않아 남편을 잃고, 아이도 자신도 방치한 채 보낸 긴 시간의 이야기를 쓰셨다. 세상과 단절한 채 매일 술에 빠져 우울한 시간을 보내다, 어느 날 딸아이를 보면서 이렇게 살아서는 안 되겠다는 결심을 하며, 술

병을 모조리 깨뜨리고 자기 자신을 사랑하는 삶을 살아가게 된다. 그런 엄마를 보며 비로소 아이도 잘 커간다. 작가님은 엄마가 우선 자기 자신을 사랑해야 아이도 사랑할 수 있다고, 아이 역시도 그제야 자기 자신의 삶을 잘 살 수 있다고 이야기한다.

엄마가 되고 난 이후 '나'는 잘 지내고 있을까요?
'내'가 어디에 있는지, 어떻게 사는지 모르고 있는 건 아니시죠?
아이는 잘 지내고 있는지 매순간 챙기면서,
남편이 무얼 하고 어떻게 사는지 신경을 곤두세우고 챙기면서
엄마, 아내로서 가 아닌 '나'는 잘 있는지 챙기고 있나요?
'나'를 한 번 챙겨봐요.
혹시 방치되어 있다면 얼른 만나세요
얼른 챙겼으면 좋겠습니다.

「서툰엄마」 옥복녀

이 문구를 만난 순간, 알 수 없는 눈물이 났다. 그토록 우울하고 무기력하고 방황했던, 그러나 그 이유를 알 수 없었던 시절에 답을 깨우친 순간이었다.

나는 '나'를 방치했던 것이다. 착한 딸로, 아내로, 친구로, 좋은 사람으로, 좋은 엄마로 살아가기 위해 정작 중요한 내 마음은 전혀 챙기지 않고 있었다. 나에게 관심을 두지 않으니 당연히 내가 나를 잘 몰랐다.

내가 살기 위해서는 나를 먼저 챙겨야 했다. 그러기 위해 나를 먼저 알아야 했다. 나는 나와 만나기로 마음먹었다. 화장실 거울을 보며 나에게 말을 걸었다.

"유진아."

그냥 이름을 불렀을 뿐인데, 가슴 깊이 뜨거워졌다. 아직도 그날의 감정을 잊을 수 없다. 내 안의 내가 나에게 말했다. 왜 이제서야 불러주냐고, 얼마나 기다렸는지 아냐고. 그동안의 서러움과 원망을 눈물로 흘려보냈다. 나는 왜 그동안 나를 그렇게 외면하며 살아왔을까.

그리고 나는 나에게 편지를 쓰기 시작했다. 네이버 밴드에 '나의 이야기'라는 일기장을 만들었다. 아무도 보지 못하게 비밀번호를 걸어두고서 진짜 내 속마음을 털어놓기 시작했다.

신유진
너는 누구니?
너는 어떤 아이니?
너는 언제 행복하고, 언제 슬프니?
너는 너를 사랑하니?

나를 알고 싶어졌다.
그리고 나서 나를 사랑하고 싶어졌다.
나를 사랑한 다음 다른 사람도 사랑하고 싶다.

서른여섯.
내가 나를 알아 갈 시간.

내가 나에게 질문도 했는데, 생각보다 나에 대해 알고 있는 게 별로 없다는 사실에 새삼 놀랐다. 나는 언제나 나와 함께 있다고, 당연히 내가 나를 제일 잘 안다고 생각했는데, 아니었다. 내가 그토록 힘들었던 이유는 나의 무지함에 있었다. 나를 잘 모르고, 제대로 사랑하지 않았기에 남편이든 아이든 세상 누구든 제대로 사랑할 수 없었다. 빈 껍데기로 사랑하는 척 살아가느라 점점 더 피폐해져 간 것이다.

그때 그 책을 만나지 않았더라면, 나는 아직도 방황하는 삶을 살고 있었을지 모른다. 나를 알고, 인정하고, 진심으로 사랑하는 데 3년이 걸렸다. 서른 여섯에 나에게 던진 질문들에 아직도 대답을 찾아가고 있다. 어쩌면 이 과정은 죽을 때까지 해야 할 일인지도 모른다. 하지만, 시간과 노력을 들인 만큼 단단해 진다는 것만은 분명하다.

덕분에 조금은 안정적인 마흔을 지나고 있다. 언제든 시련이야 닥칠 수 있겠지만, 세상 가장 든든한 내 편인 '나'가 있기에 버텨낼 힘이 있다. 그것만으로도 나 참 잘 살아내고 있다.

내 마음 속 울고 있는
어린아이

내 마음 속 어린아이를 내면아이라고 한다. 몸은 성인이 되었지만 어렸을 때 받은 상처로 미처 다 크지 못한 내 마음 속 어린아이를 말한다. 「아들 셋 엄마의 돈 되는 독서」 김유라 작가의 유튜브를 듣다 우연히 내면아이라는 단어를 알았다. 하지만 나와는 상관이 없는 말이라고 생각했다. 지나온 세월에 힘들었던 일들이 딱히 떠오르지 않았다. 그러던 어느 날, 우연히 나의 내면아이를 처음으로 마주하게 되었다.

울산에 살던 사촌동생이 제주에 있는 대학교에 입학을 하기 위해 제주도로 내려왔다. 동생은 입학 전 기숙사에 들어가기 전날까지 잠시 우리 집에서 지냈다. 1년 재수를 한 동생의 나이는 꽃다운 스물한 살이었다. 마지막으로 보았던 게 중학생 때였으니 마치 동생이 한순간에 훌쩍 커서 성인이 된 것만 같고 참 대견했다.

이제 성인이 되었다고 하지만, 그래도 여전히 내 눈엔 참 어리기만 한 동생이었다. 아직 때묻지 않은 순수함이 보였고, 성인보다는 학생이라는 단어가 딱 어울리는 인상이었다. 그런 동생을 보고 있는데, 불쑥 나의 스물한 살 시절이 겹쳐 보였다. 그때 나는 직장을 다니고 있었다. 어떻게든 직장인이라는 타이틀에 걸맞아 보이려 아등바등댔지만, 그런 속내를 들키지 않기 위해 애쓰던 나는 분명 아직 어린아이였다.

나는 지금의 내가 힘들다고만 생각했지, 그 시절 힘들었던 것들이 이렇게 아픔으로 남아 있을 줄은 몰랐다. 스물한 살의 나를 처음으로 제대로 마주하고, 가슴이 아팠다.

당시의 힘든 마음이 고스란히 나에게 느껴졌다.

친구들은 대학생이 되어 캠퍼스를 누비고 다닐 때, 나는 회사에서 일을 했다. 어렸을 때부터 공부를 좋아했고 곧잘 해왔던 나였기에 당연히 나도 대학생이 되고 싶다는 생각을 늘 했었다. 엄마는 따로 공부를 시키지 않았지만, 나는 늘 스스로 알아서 공부하는 신기한 아이였다. 하지만 집안 형평상 엄마는 취직을 권유했고, 나 또한 회사를 선택했다. 울산에 있는 대학을 갈까 다른 지역에 있는 대학을 갈까, 영어영문학과를 갈까 경영학과를 갈까, 교육대학교를 갈까 일반 대학교를 갈까, 혼자서 했던 수많은 고민은 '취직'이라는 단어 앞에서 모두 사라져버렸다.

다행인지 괜찮은 회사에 취업을 했고, 대학교를 졸업한 친구들보다 더 높은 연봉을 받았다. 그리고 나는 기어이 회사를 다니며 야간 대학교를 졸업했다. 전문대 2년 4년제 4년, 총 6년이라는 시간을 낮에 일하고 밤에 공부하며 살았다. 하지만 나는 내가 그토록 바라던 대학을 다녔고 졸업을 했음에도, 주간 대학을 나오지 않았다는 이유로 스스로를 인정하지 않았다. 대학 졸업장 그 자체보다도, 대학 생활을 온전히 누린 친구들의 시간과 경험이 부러웠다. 과 동아리 활동을 하고, 미팅을 하고, 엠티를 가고, 전공과 진로를 고민해보는, 친구들에겐 지극히 평범한 그 일상을 나도 경험해보고 싶었다.

친구들을 부러워하면서 울고 있는 어린 내가 보였다. 어린 나이에 사회생활을 시작했기에 참 많이도 힘들었다. 회사는 어리다고 봐주지 않는다. 대놓고 고졸이라고 무시도 많이 당했다. 마치 내가 고졸이라 무얼 모른다는 말투로 대학원을 졸업한 잘난 직장 상사는 나를 구박했다. 어쩌면 열등감에 내가 그렇게 더 느꼈을지도. 지금 생각해보면, 전문대나 대학교를 졸업하고 회사에 들어와도 20대 초반 사회생활 경험이 없는 그 누구라도 어리고 미숙할 수밖에 없다. 나 역시 그런 과정을 겪었을 뿐이지만, 마음이 채 다 크지 못한 난 스스로를 열등감이라는 감옥에 가두어 두었다.

우연히 사촌동생을 통해 나의 내면아이를 만나고 나는 눈물로 나를 애도했다. 지나간 아픔이라고, 지금 느껴지지 않는 감정이라고 내 안에 없는 것이 아니었다. 내가 느끼지만 못했을 뿐, 그 모든 감정이 내 안에 겹겹이 쌓여 지금의 내 모습이 되었다.

나의 열등감의 원인을 몰랐던 나는 내가 처한 환경과 세상을 원망했다. 남 탓을 해야 나를 연민할 수 있었다. 어리석은 자기연민이었다. 하지만 다행히 그 원망들을 그대로 글로 토해냈다. 글을 쓰기 시작하고, 내 안에 있던 원망과 미움, 억울함이 세상 밖으로 나온 그때서야 비로소, 안쓰러운 내가 보였다. 마음속 깊이 이렇게 억울한 마음들을 가지고 있어서 내가 아팠다는 것을. 이제 이런 자기연민은 더이상 나에게 아무런 도움이 되지 않는다는 것을 알았다. 결국 내가 살아온 내 삶은 모두 나의 선택이라는 것을 알았다.

주어진 환경에서 벗어나 보려 노력하지 않은 것 역시 내 선택이었다. 나는 현실에 순응하는 것을 선택했고, 그 안에서 최선을 다해 살아왔을 뿐이다. 누구의 잘못도, 내 잘 못 역시도 아니었다. 이제 과거는 보내고, 현재를 살아야 한다. 내가 한 선택들로 지금의 삶이 있듯이, 앞으로의 삶을 잘 살기 위해서는 지금부터 내가 잘 선택하면 된다.

나는 이제 과거를 용서하고 미래를 꿈꾸는, 어엿한 성인이 되었다. 앞으로는 내 내면아이의 보호자가 되어, 어떤 경우에도 그 아이를 지켜주며 함께할 것이다.

"유진아, 나는 언제나 내 편이야. 너의 모든 선택을 응원할게."

노랑머리?
옐로우카드!!

"제발 립스틱이라도 좀 발라라!"

화장기 하나 없이, 얼굴은 세상 다 산 사람인 듯 거무튀튀한 나에게 보다 못한 친구가 한마디 했다. 오랜만에 육지에서 친구가 놀러왔다. 화려한 20대를 함께 보냈던 친구와 나는 둘 다 어엿한 아이 엄마가 되어있었고, 이제 세 살이 채 되지 않은 아기를 데리고 친구는 제주여행을 핑계로 우리 집에 놀러왔다.

친구가 내려온 그 시기 나는 한창 마음이 아플 때였다. 하루하루가 우울하고 무기력했지만 오랜만에 속마음을 이야기할 수 있는 사람의 방문은 나에게 잠깐의 즐거움을 주었다. 하지만 그 이상으로 내가 진짜 힘들어하는, 마음 깊숙이 자리한 이야기를 왠지 다 꺼내놓을 순 없었다. 아마 그땐 나도 내가 왜 아프고 힘든지 정리가 되지 않은 상태였고, 또 육지에서, 섬에서 각자 다른 환경의 삶을 살아가고 있었기에 서로에게 마음 터놓고 이야기하기가 힘들었을 것이다.

립스틱이라도 좀 바르라는 친구의 말에 맨얼굴에 억지로 립스틱을 발라보았다. 나름대로 생기있어 보이는 듯했으나 왠지 어색했다. 곪을 대로 곪은 내면은 아무리 티 내지 않으려고 해도 얼굴과 몸 전체에 티가 났다. 손을 씻다 한 번씩 쳐다보는 거울 속 내 얼굴에 나 자신도 놀라곤 했다. "아~ 정말 못생겼다." 왜 이렇게 얼굴이 어둡고 못생겼는지, 그냥 싫기만 했다.

마음 편하게 웃고 싶었다. 그런데 웃음이 나오지 않았다.

행복해서 웃는 게 아니라 웃다 보면 행복해진다는데 아무리 웃으려 노력해도 웃어지지 않았다. 가게에 오는 손님들한테 가식적으로라도 웃으며 친절을 보여야 하는데, 도무지 되지가 않았다.

어떻게 하면 좀 밝아질까 고민하다 내린 결론은 '나를 밝게 꾸미자'였다. 밝게 보이면 나도 좀 밝아질 수 있을 줄 알았다. 샛노랗게 머리를 염색하고, 생전 입지도 않았던 노랑, 보라, 핫핑크 등 밝은 원색의 옷들을 사 입었다. 검은색, 흰색, 회색의 무채색 계열 옷만 걸려있던 내 옷장이 갑자기 화려해졌지만, 어색하기 짝이 없었다. 옷장이 어색해진 만큼 화려함으로 치장한 나의 모습 또한 어색한 불균형 그 자체였다.

노랑머리와 쨍한 색의 옷을 입고, 처음엔 나도 좀 밝아진 것 같아 기분이 좋았다. 하지만 그런 옷을 입고 있는 나 스스로가 너무 부자연스러웠고, 다른 사람들에게 보이기 창피했다. 내 마음을 돌보지 않고 그저 겉으로 보이는 외모만 가꾸는 것은 전혀 중요하지 않음을 그때 깨달았다.

꾸며진 밝음은 그리 오래 가지 못했다.

진짜 나를 만나고 억지로 꾸며내는 것보다 있는 그대로의 나를 인정하고 사랑하는 방법을 알았고, 다시 검은 머리로 돌아왔다. 어울리지 않던 옷들도 버렸고, 내 옷장은 다시 무채색 계열의 옷들로 채워졌다. 마음이 편안해지니 자연스럽게 웃게 되었다. 아이들을 바라보는 내 눈빛과 말투 표정도 한결 부드러워졌고, 가게 손님들과도 눈을 마주치며 웃었다.

요즘은 거울을 볼 때, '와~ 요즘 정말 예쁘네'라는 마음으로 나를 본다. 내가 나를 사랑스러운 눈빛으로 보니 남편도 더 나를 사랑해주는 것 같다. 알고 보니 모든 것은 다 내 마음속에 있었다. 다음에 또 친구를 만난다면 예쁘게 화장하고 립스틱도 바르고 만나야겠다. 그리고 그땐 내가 많이 아팠었더라고 솔직하게 이야기해 봐야겠다.

69kg?!
70의 문턱에서

―――――――

"임신했어?"

동네 할머니의 쩌렁쩌렁한 목소리가 골목을 가득 메웠다. 너무 당황한 나는 "네?"라고 되묻는 실수를 저질러버렸고, 또다시 "임신했어?"라는 큰 목소리가 되돌아왔다.

순간 당황한 나는 웃으며 "아니요."라고 대답은 했지만, 얼굴은 화끈거렸고, 어디 쥐구멍이라도 있으면 숨고 싶은 심정이었다. 배려도 없이 임신했냐는 말을 그렇게 크게 하시냐 따질 수도 없이 그때의 나는 지금까지 살아온 중 가장 통통한(좋게 표현해서) 몸매를 가지고 있었다.

69kg. 원래도 늘씬한 편은 아니었지만, 1년간의 우울기를 매일 밤 술로 풀어온 결과는 참담했다. 1년 새 10kg 가까이 늘어있었다. 역시나 몸은 정직했다. 내 몸을 어떻게 관리해 왔는지가 이렇게 당장 눈에 보이는 결과로 남았다. 청바지가 맞지 않아 롱원피스형 티셔츠에 레깅스만 입고 다녔으니, 임산부로 보이기에 아무 문제가 없었다. 오해의 원인을 제공한 건 다름 아닌 나였으니 할머니를 원망할 수는 없었다.

여기서 딱 1kg만 더 찌면 앞자리가 7로 바뀐다는 것을 참을 수가 없었다. 7의 자리로 넘어가고 나면 다시는 6의 자리로 돌아오지 못하리라는 생각에 '도저히 이렇게는 못 살겠다. 살을 빼야 겠구나.' 라고 마음을 먹게 되었다. 하지만 고된 하루 끝에 당연히 맛있는 음식과 한 잔의 소주로 보상을 해줘야 한다고 생각해온 나였다. 남편과 같이 소통할 수 있는 것도, 주변 사람들과 어울릴 수 있는 방법도 술자리밖에는 없던 시절이었다. 술을 마시지 않는다는 건 상상도 못 해본 일이었고, 음식을 조절한다는 것 자체도 생각해보지 못한 일이었다.

그나마 삶을 버티게 해준 그런 낙이 없다면, 지금도 우울한 내 삶이 더 우울해질 것만 같았다. 하지만 언제까지나 이렇게 살수만은 없었기에 나는 걷기를 택했다. 집에서 5분 거리에 가게가 있어서, 특별한 일과 없이 집과 가게만 오가던 일상이었다. 짐이 무겁다는 이유로 마트는 늘 차를 타고 다녔으니 하루에 1,000보 정도 걸었을까? 활동은 하지 않고 먹기만 먹었으니 살이 찔 수밖에 없었다.

낮에는 가게 일을 하고 아이들도 챙겨야 했기에, 새벽에 걷기로 했다. 70kg은 넘기면 안 된다고 마음을 단단히 먹고 새벽 6시 집을 나섰다. 생각보다 새벽은 아주 어두컴컴했다. 밤에는 집과 식당들의 불빛이라도 있지, 새벽엔 모두가 자고 있는지 불이 켜져 있는 집도 없었다. 학교운동장까지 기껏해야 10분의 거리가 참 멀게도 느껴졌다. 한 걸음 한 걸음 내디딜 때마다 심장이 쿵쾅댔다. 도대체 뭐가 무서운 건지 정확히 실체를 알 수 없지만 처음 느껴 보는 새벽의 기운에 나는 한껏 쪼그라들었다. 차라리 혼자일 때는 조금 나았다. 어쩌다 남성 행인을 마주치면 괜히 경계했다. (그분은 아무 죄가 없었을 텐데.)

학교 운동장은 더더욱 칠흑같이 깜깜했다. 조명 하나 켜져 있지 않았다. 저 멀리 사람의 형체만 어렴풋 보일 뿐이었고, 조용한 가운데 내 심장 소리만 들렸다. 무서웠지만 여기까지 온 이상 그냥 돌아갈 수는 없었다. 다행히 운동장에는 매일 운동하러 나오시는 할머니 몇 분이 계셨는데, 잘 알지도 못하는 할머니들이 세상 그렇게 든든하게 느껴질 수가 없었다.

그렇게 나는 걷기 시작했다. 새벽에도 걷고, 낮에도 잠깐씩 시간이 나면 동네 곳곳을 걸었다. 목적지 없이 여기저기 발길 닿는 대로 걸으며 익숙하지만 낯선 동네를 탐방하는 시간을 가졌다. 그렇게 걸으며 만나는 우리 동네는 조금 달랐다. 차로 휙 지나갈 때는 보이지 않던 동네 식당이나 가게들의 간판을 하나하나 읽었고, 공원이 보이면

들어가서 걸으며 그 공간을 즐기는 사람들을 관찰했다. 걷기는 나에게 새로운 시각으로 세상을 볼 수 있는 통로가 되어주었다. 그리고 무엇보다 나 자신을 새롭게 바라볼 수 있게 되었다.

나도 이른 새벽, 내 몸을 일으켜 옷을 갈아입고 신발을 신고 나갈 수 있는 사람이라는 것. 한다면 할 수 있는 사람이라는 것. 내 몸을 통해 얻은 경험은 나도 할 수 있는 사람이라는 자신감을 심어 주었다. 그리고 그렇게 참을 수 없었던 맛있는 음식에 대한 집착도 자연스레 조금씩 내려놓게 되었다. 힘들게 걸은 것이 아까웠다. 운동은 운동대로 하고, 먹는 건 먹고 싶은 대로 먹으면 건강한 돼지가 될 것이었다. 죽어도 70의 세계로는 가지 않으리라는 다짐이 나를 변하게 했다.

갑자기 불어난 살이어서 그랬는지, 걷기와 약간의 식단 조절만으로도 6개월에 10kg가 빠졌다. 몸의 변화와 더불어 내 마음과 생각도 변해갔다. 살이 1kg씩 빠질 때마다 나를 감싸고 있던 부정적인 기운들도 빠져나갔다. 드디어 레깅스를 벗어나고 청바지를 사 입던 날이 기억난다. 옷 가게에 가서 당당하게 바지를 입어보던 날! 가게 점원이 물어보지도 않았는데 "제가 살을 좀 많이 뺐어요."라며 자랑을 했다. 몸에 맞춰 옷을 사는 게 아닌, 입고 싶은 옷을 사 입을 수 있던 게 얼마만이었을까. 아마도 결혼하고 나서는 처음이었을 것이다.

몸이 가벼워지니, 마음도 가벼워진다. 굳이 보여지기 위해서가 아니라, 내 마음에 드는 옷을 입고 다니니 사람들과 만날 때 자신감도 생긴다. 이제 다시는 나의 우울한 마음을 술과 음식으로 풀면서 나를 학대하거나 방치하지 않는다. 대신 내 마음의 소리에 집중한다. 내 몸이 쉬어가라고 말하면 쉬어가고, 바다를 보고 싶다고 하면 바다를 보고, 책을 읽거나 글을 쓰거나, 나에게 소소한 선물을 하기도 한다. 그리고 지금도 여전히 매일 걷는다. 혼자서 걸으며 나에게 묻고 내가 답하는 중이다.

나는 매일 새벽
머리를 감는다

―――――――――

여느 때와 마찬가지로 새벽 6시에 일어나서 머리를 감고 있었다. 아이들을 유치원과 어린이집에 보내고, 바로 또 남편의 가게에 일하러 나가야 했다. 갑자기 매일 새벽 머리 감는 일을 17년쯤 무한 반복하고 있다는 생각이 스쳤다. 스무 살 때부터 직장 생활을 하면서 회사에 늦지 않기 위해, 제주에 오고부터는 장사를 하기 위해, 나는 늘 새벽에 일어나 머리를 감았다.

'언제까지 이렇게 살아야 할까?'

'나도 좀 쉬고 싶다.'

나에겐 지극히 평범했던 일상인데 그날따라 내가 참 불쌍하게 느껴졌다. 아이들 등원시키고 일하러 가지 않고, 집으로 돌아와 여유를 누려보고 싶었다. 항상 회사에 늦을까, 가게에 늦을까, 애꿎은 아이들만 보챘다. 집에서 입고 있던 옷 그대로 편안한 차림으로 아이들을 학교에 보내는 엄마들에겐 왠지 모를 여유가 느껴지는 듯했다.

한창 가게에서 일하고 있을 오전 시간 라디오에서 "아이들 학교에 보내놓고 이제 커피 한잔 타서 라디오 듣고 있어요." 하는 사연이 나오면 괜히 마음이 부대꼈다. 각자의 삶이 다를 뿐이라고 하지만, 그런 시간을 가져본 적 없는 나에게는, 알 수도 없는 그 엄마의 커피 한 잔의 여유가 부럽기만 했다.

갑자기 내 현실이 보였다. 늘 아등바등 살아온 내 삶, 이렇게밖에 살지 못하는 내가 참 못나 보였다. 여유롭게 살고 싶다고 내려온 제주에서도 역시 똑같이 현실에 갇혀 있는 나, 뭐 하려고 제주에 왔는지, 모든 것들이 다 부정적으로만 느껴졌다. 그런 생각들은 나를 무기력하게 만들었다. 그리고 나는 우울이라는 감옥에 갇혀버렸다.

"이럴 때 몸이 하는 선택은 둘 중 하나예요. 병을 얻거나, 무기력감에 빠져드는 것. 일종의 시위를 하는 거죠. 경고이기도 하고요. 더 이상 정신 멋대로 살지 못하게 만드는 거예요. 미나 씨가 건강에 이상 징후를 느꼈다거나 왠지 움직이기 싫고 아무 의욕이 느껴지지 않는다면, 미나 씨의 몸이 미나 씨에게 강한 배신감을 표현하고 있는 겁니다."
「어느 날, 마음이 불행하다고 말했다」 손미나

다른 사람들이 보기에는 자신이 좋아하는 일을 열정적으로 하며 최선을 다해 살아가고 있는 것 같은 전 아나운서이자 작가 손미나에게도 번아웃 증상이 왔다. 많은 것을 이루었고, 많은 사람에게 도움을 줬지만 정작 자기 자신은 돌보지 않았고, 지쳐있었다. 정신과 마음과 몸. 이 세 가지의 조화가 중요하다고 하는데 자꾸 무언가 성취하려고 하고, 더 잘하려고 노력하는 사람들은 정신이 너무 앞서서 몸과 마음이 아프다고 했다. 다행히 마음은 참 단순해서, 조금만 알아봐 주고 달래 주면 금방 괜찮아진다는 이야기에 나도 안심이 되었다.

나는 주어진 상황에서 최선을 다해 사느라 몸과 마음을 돌볼 겨를이 없었을 뿐이다. 다행히 내 몸과 마음은 우울이라는 신호를 나에게 보내주었고, 나는 그 신호를 알아차렸다. 그리고 나를 돌아볼 시간을 가지게 되었다. 나는 언제나 주어진 현실에 열심히만 살아왔을 뿐이었다. 다만, 나를 돌보지 않는 죄를 짓고서. 지나고 보니 번아웃은 열심히 사는 사람만이 느낄 수 있는 값진 성장통이었다.

말하는 대로,
바라는 대로

"언니, 우리 책 쓰자."

2년 동안 꽤 열심히 살았음에도, 방향을 찾지 못하고 답답하기만 했던 내 심정을 묵묵히 들어주던 목련이가 한마디 했다. 나이는 나보다 한 살 어리지만, 도무지 동생 같지 않은, 오히려 언니 같은 친구다. 흰 피부에 한눈에 봐도 단아한, 그러나 그 안에 강인한 묵직함이 있는 그녀에게 나는 어린애 같이 징징거렸다.

"목련아, 나는 할 수 있는 건 다 해본 것 같아. 그런데 그 안에서 진짜 해야 하는 한 가지를 모르겠어. 방향을 잡고 길을 가라는데, 나는 왜 방향을 못 찾는 걸까? 나는 바보인가 봐."

함께 꿈을 꾸며 글을 써왔던, 꿈 친구 몇몇의 출간 소식이 들렸다. 마치 내가 책을 낸 마냥 설레고 들뜨고 행복했다. 누구보다 더없이 기쁜 마음으로 그 소식을 받아들였고, 축하해줬다. 꿈을 꾼 지 1년여 만에 그 꿈을 이루어내고야 만 그녀들이 자랑스러웠고, 친구들이 해냈으니 나도 해낼 수 있다는 생각에 고마웠다. 하지만, 그 이면에서는 자신감이 떨어지기도 했다. 책을 내겠다는 한 가지 목표에 전념해 결과물을 떡하니 만들어낸 그녀들에 비하면, 이것저것 많은 것들을 건드리느라 뚜렷한 결과물이 없는 내가 초라해 보였다.

딱 1년 전, 목련이를 포함한 6명의 글 친구들과 김재용 작가님께 글쓰기 수업을 받았다. 작가가 되고 싶다는 마음은 추호도 없었다. 아니, 내가 작가가 된다는 건 꿈조차

꿀 수 없었다. 그때까지만 해도 나를 온전히 믿지 못하는 작은 세계에 갇혀 있었다. 글쓰기가 어떤 건지 배워보고 싶었다. 그게 다였다. 작가님과 글 친구들의, 글을 잘 쓴다는 칭찬도 온전히 받아들이지 못했다. 보물 지도에 작가가 될 것이라고 적으면서도, 마음 한쪽에는 '내가 무슨 작가야'라는 생각을 하곤 했다. 글쓰기 기초반이 끝나고, 책쓰기 심화반으로 넘어간다고 했을 때 나는 글쓰기를 포기했다. 글은 팔자 편한 여자들이나 쓰는 거라고 생각했다. 당장 먹고 사는 게 중요한 나에게 글은 사치였다.

그랬던 내가 다시 글을 쓰고 있다. 나도 이제 좀 팔자가 편해진 걸까? 모든 상황은 다 그대론데 생각이 바뀌었을 뿐이다. '나도 할 수 있겠다'는 생각, '한 번 해보자'는 생각.

말하는 대로, 말하는 대로 될 수 있다곤 믿지 않았지
믿을 수 없었지
마음먹은 대로 생각한 대로 할 수 있단 건 거짓말 같았지
고개를 저었지
그러던 어느 날 내 맘에 찾아온 작지만 놀라운 깨달음이

내일 뭘 할지 내일 뭘 할지 꿈꾸게 했지

사실은 한 번도 미친 듯 그렇게 달려든 적이 없었다는 것을

생각해 봤지 일으켜 세웠지 내 자신을

말하는 대로 말하는 대로 될 수 있단 걸 눈으로 본 순간

믿어보기로 했지

마음먹은 대로 생각한 대로 할 수 있단 걸 알게 된 순간

고갤 끄덕였지

〈말하는 대로〉 가사 中

유재석과 이적이 처진 달팽이라는 이름으로 부른 노래, 〈말하는 대로〉. 이 노래를 듣고 또 듣는다. 아무리 반복해서 들어도 지겹지 않고, 들을 때마다 가슴속에서 뜨거운 눈물이 흘러내린다. 그동안 흘렸던 그런, 후회와 반성, 안타까움의 눈물이 아니다. 말하는 대로 될 수 있다는 걸 보여준 친구들을 눈으로 봤기에, 나 역시 할 수 있다고 믿어주는 희망의 눈물이다. 책 쓰기의 문턱에서 미친 듯 달려들어 보지도 않고 도망친 나에게 다시 한번 기회를 주기로 했다.

미모하다, 예뻐졌다

―――――

많은 사람들이 자기계발을 하고 싶은데 시간이 없다고 말한다. 하지만 누구에게나, 주어진 시간을 어떻게 활용하느냐에 따라 시간은 얼마든지 있다. 초등학교 저학년 연년생 아이 둘을 키우며 남편의 가게 일을 도와주고 살림까지 해야 하는 나에게도 시간은 없었다. 미라클모닝을 알기 전까지는 바쁜 하루 중 짬짬이 책을 읽는 것이 내가 낼 수 있는 시간의 전부였다.

평소에 일어나는 시간보다 한두 시간 정도 일찍 일어나

나만의 시간을 가지는 것을 미라클모닝이라고 한다. 온라인에서는 미모라는 줄임말로 부른다. 나는 매일 미모한다. 444는 내 알람 시간이다. 새벽 4시 44분에 알람을 맞춰놓고 벌떡! 일어난다.

이때 중요한 건 벌떡! 이다. 5분만 더 잘까, 30분만 더 누워있자, 하고 잠시 마음을 놓고 눈을 감는 순간 시간은 순삭이다. 죽이 되든 밥이 되든 일단 벌떡 일어나 거실로 나와 불을 켠다. 그럼 성공이다.

이제부터 나만의 세상이 열린다. 가족은 모두 자고 있고, 세상은 고요하다. 스마트폰으로 연락이 올 일도 없다. 뭘 하든 내 맘대로, 이 순간 혼자라는 사실만으로도 설렌다. 아무리 집이 엉망이라도 쳐다보지 않는다. 지금 나는 엄마가 아닌 '나'니까. 황금 같은 두 시간여의 새벽, 그 시간에 나는 나를 키웠다.

무기력했던 일상이었고, 미라클모닝이 뭔지도 몰랐다. 나를 살려보고자, 딱 1년만 열중해보고 싶어 가입했던 김미경 유튜브 대학에 새벽 기상 게시판이 있었다. 김미경 학장님은 성공하고 싶다면, 새벽 4시 30분에 일어나야 한다고 하셨다. 누군가 매일 새벽 기상 게시판에 4시 30분 정각, 1등으로 게시글을 올리면, 그 밑에 댓글로 순번을 정하는 규칙이 있었다. 1등으로 게시글 올리는 데 성공한다고 어떤 특전이나 자격을 주지는 않지만, 게시판의 열기는 뜨거웠다. 나 또한 일찌감치 일어나 미리 글을 작성해놓고 스마트폰 앱으로 초시계를 맞춰놓고 기다렸다가 등록 버튼을 눌렀다. 전국에서 꽤 많은 동기가 동시에 함께 했기에 1등 하기가 쉽지만은 않았다. 하지만 점점 요령이 생기는 법! 어느 시점에 눌러야 1등을 차지할 수 있는지 방법을 터득하고는 2번 정도 1등을 해냈다. 그 희열감이란!

처음에는 새벽에 일어나긴 하는데 무엇을 해야 할지 몰랐다. 그냥 변화하고 싶었고, 다르게 살고 싶었다. 가야 할 방향도, 꿈도, 목적지도 없었다. '뭐라도 해보자!' 이 마음 외엔. 요즘엔 주로 책을 읽거나 영어 공부, 운동, 명상 등을 하는데 딱히 정해져 있는 루틴 없이 그때그때 해야 할 일들이 있으면 새벽 시간에 하곤 한다. 동네에 24시 카페가 있어 새벽 5시에 혼자 카페에 가기도 하는데, 아무도 없이 혼자 있을 때가 많아 나 혼자 카페를 전세 낸 듯한 기분을 느낄 수 있다.

특히 새벽 시간에 글 쓰는 걸 가장 좋아한다. 보통 집에서는 글이 잘 써지지 않아 카페로 가지만, 새벽만큼은 예외다. 혼자서 고요히 글쓰기에 집중할 수 있는 귀한 시간이다. 남편의 코 고는 소리가 오히려 백색소음이 되어줄 정도로.

새벽은 내가 주도하는 시간이고,
나머지 시간은 운명에 이끌려 가는 시간이다.
「나의 하루는 매일 새벽 4시 30분에 시작된다」 김유진

김유진 작가의 이 문장을 보면 왜 새벽 시간을 활용해야 하는지 제대로 알 수 있다. 엄마, 아내, 딸, 친구 등 우리가 해내야 할 수많은 역할들에서 벗어나 오롯이 나에게만 집중하고, 내가 주도할 수 있는 유일한 시간이다. 가끔 저녁에 카페에 글을 쓰러 나갈 때도 있는데, 그럴 땐 남편과 아이들에게 양해를 구해야 한다. 많은 변수가 생길 수도 있다. 하지만 새벽만큼은, 누구도 침범할 수 없는 내 영역이다.

나에게 새벽은 나의 내면을 가꾸는 시간이다. 매일 새벽 내가 좋아하는 일들을 하며 나에게 말 걸어주고, 나를 사랑해주었더니, 어느 순간 예뻐진 나를 발견했다. 내 안에 가득 채워진 자존감이 얼굴로도 표시가 난다. 한층 밝아진 얼굴에 자신감이 묻어있다. 미모하다, 예뻐졌다.

나에게 먼저
물어봐주기

―――――――

"엄마! 엄마 뭔가 더 당당해진 것 같아. 요즘 되게 잘 따져!"
"와! 그 표현 정말 좋다. 앗싸! 엄마 이거 글로 써야지."

11살 큰 아들이 학교 갈 준비를 하던 어느 날 아침, 갑자기 나에게 말했다. 아들이 보기에도 엄마가 변한 것이 느껴지나보다. 그런데! 엄마가 당당해졌다는 건 좋은데, 잘 따진다니? 이게 무슨 칭찬이라고 나는 그렇게 기분이 좋아졌을까? 3년 전 타인의 시선을 의식하며 사느라 하마터면 착한 척만 하는 엄마가 될 뻔한 나였기에, 따질 줄 아는 엄마로 보인다는 아이의 표현이 싫지만은 않았다.

그리고 보니 나는 정말 많이 변했다. 매일 우울하고 무기력하고 어두침침했던 나는 지난 3년간 참 많이도 밝아졌다. "얘들아, 엄마 힘들어. 엄마 좀 쉴게!" 말하곤 매일 이불속으로 파고들던 엄마가 이제는 아이들하고 놀아주기도, 같이 농담을 하기도, 또 싫은 건 싫다 말할 줄도 아는 그런 엄마가 되었다. '나'를 중심에 두고 남을 배려하는 사람, '나'를 사랑하면서 아이들도 사랑하는 엄마로 나는 변했다. 이런 나의 변화가 아이들에게도 느껴지나보다.

무엇보다 글을 쓰면서 정말 많이 변했다. 나 스스로도 확연히 느껴질 만큼! 글쓰기를 시작하기 전, 나는 몇 달을 자괴감에 시달리고 방향을 찾지 못해 답답했다. 지난 시간 나름 열심히 살았다. 하지만 나의 성장을 지켜봐 온 누군가가 나에게 "너의 색깔이 뭐니? 너는 한마디로 뭐 하는 사람이야?" 하며 나의 정체성에 질문을 던졌을 때, 나는 무너졌다. 또다시 원점으로 돌아갔다. 도대체 내가 누군지, 나는 왜 이런 일들을 하고 있는 건지, 내가 진정으로 원하는 것이 무엇인지 묻고 또 물어도 답이 나오지 않았다. 이제 더 이상 내가 해야 할 일이 무엇일지 알 수가 없어 뭐 하나 제대로 집중할 수가 없었다.

글을 쓰면서 나는 그 답을 찾아가고 있다. 막혀 있던 머리와 마음이 뻥 뚫린 것처럼, 시원해졌다. 나는 작가가 되어야지, 강사가 되어야지, 그런 확실한 무언가가 되겠다는 마음보다도, 이제부터는 진짜 내가 하고 싶은 것들을 하면서 살아야겠다는 마음을 먹게 되었다. 그게 나를 살리는 일이니까.

늘 타인을 의식하고 내 마음을 몰라주었던 나는, 최선을 다해놓고도, 모두에게 좋은 선택을 해놓고도, 결국 내 마음은 제대로 충족시켜주지 못했다. 글을 쓰면서 생긴 확실한 한가지 의지는 내 마음이 가는 대로 하기로 했다는 것이다. 그동안 내가 '해야 했던 일'들을 열심히 해왔다면, 이제는 내가 '하고 싶은 일'들을 즐기며 해나가 볼 것이다. 사람을 좋아하지만, 다른 누군가를 챙기는 일도, 제일 먼저 나에게 물어볼 것이다. 그게 어떤 일이든 그 누구를 위해서가 아닌, 나를 위해서여야만 한다. 이타심도 결국은 이기심에서 나온다.

이제 나는 무엇이든 시작하기 전에 나에게 물어보기로 한다.

"유진아, 너 그거 하고 싶어? 다른 누구도 아닌 니가 원하는 거야? 그래? 그럼 해!"

아직,
Not yet!

'Not yet' 이란 '아직'이라는 성장 마인드를 가지는 것을 말한다. 어떤 일에 대해 타고난 재능을 입증하려 노력하는 것이 고정 마인드 셋이고, '아직'이란 마음으로 배우며 바꿀 수 있다고 믿는 태도를 성장 마인드 셋이라고 말한다. 고정 마인드 셋을 지닌 사람들은 한계가 있지만, 성장 마인드 셋을 가지고 있는 사람들은 나날이 발전할 수 있다.

지난 시간 성장해오며 내 한계에 부딪히거나 남과 비교되어 좌절할 때마다 '나는 왜 이렇게 안 될까'라는 마음과 동시에, '나는 아직 잘 못 할 뿐이야'라는 생각을 잊지 않으려 했다. '나는 못 한다'와 '아직 잘 못한다'의 차이는 실로 어마어마했다. 난 못한다고 단정 지었을 땐 모든 것을 내려놓고 포기하고 싶어지지만, 아직 못한다고 생각했을 땐 다시 일어설 힘이 난다. 내가 이런 성장 마인드를 가지고 살아올 수 있었던 건, 어렸을 때부터 꾸준히 읽어온 책의 영향이 크다고 나는 믿는다.

'아직'이라는 마인드 셋 이야기는 스탠퍼드 대학교의 저명한 교수, 캐롤 드웩의 테드 강연을 통해 알게 되었는데 나는 그 이전부터 스스로 늘 '아직'이란 생각을 가지며 성장해오고 있었다. 내가 가지고 있던 생각을 책이나 강연에서 입증된 논리로 만나게 되었을 때, 느껴지는 쾌감은 말로 다 설명할 수 없다. 내가 살아오고 있는 삶을 누군가에게 '그래 너 참 잘하고 있어'라고 칭찬받는 느낌이다.

캐롤 드웩 교수는 어려운 문제에 직면했을 때 '아직'이라는 사고를 하고 있다면, 그 문제를 풀려는 노력을 통해 또 한 번 성장할 수 있다고 말한다. 아이들에게도 타고난 재능이나 보이는 결과보다 그 결과를 내기 위해 걸어온 과정, 인내, 노력, 나아진 모습 등을 칭찬해 준다면, 어려움에 쉽게 굴하지 않는 강한 아이들로 길러질 수 있다고 한다.

"I now realize I've wasted most of my life."
"Let's not waste any more lives."

강연 내용 중에서 특히 나에게 와닿았던 부분이다. 그녀의 책을 읽고 편지를 보낸 한 소년의 이야기였다. 소년은 책의 내용이 과학적으로 입증된 논리라는 것을 믿고 책에서 말하는 대로 따라 살아보았는데 진정으로 자신의 삶이 엄청나게 달라졌다는 것이다.

그리곤 이렇게 말한다.
"저는 그동안 제 삶을 낭비했다는 것을 깨달았어요."

그 말에 캐롤 드웩 교수는 이렇게 말한다.
"더 이상 인생을 낭비하지 말아요."

나의 마음을 이 소년이 한마디로 표현해준 것 같았다. 여러 도전으로 성장을 하고, 그 결과로 지금 나는 이렇게 책을 쓰고 있다. 책을 쓰기 위한 글쓰기를 하면서 실제로 나의 삶은 엄청나게 변화했다. 내 생각이 변하고 있기 때문이다. 마치 내 인생은 이제서야 진짜 시작된 것 같은 느낌이다. 그러면서 그동안 제대로 나를 알지 못하고 낭비하며 살아온 삶이 참 후회스럽기도, 아깝기도 했는데, 소년도 같은 마음이었나보다.

남편과 단둘이 숲길을 걸으며 나는 요즘 사는 게 너무 재미있고, 정말 잘 살고 싶어진다고, 그동안 막 살아온 시간이 너무 아깝다고 이야기했더니, 남편은 '다 늙어서도 모르고 사는 사람 많은데, 지금이라도 알았으니 괜찮다.'고 이야기해 주었다. '아직'의 힘을 알고 나를 지지해주는 듬직한 내 편이다.

글쓰기, 책, 강연 등을 통해 나는 많은 것들을 깨닫고 있다. 요즘 나는 사는 게 너무 신난다. 하나씩 깨달을 수록 내가 몰랐던 세상을 알아가는데, 그게 너무 재미있다. 그 속에서 내가 해야 할 것들이 보이고, 할 수 있다는 믿음이 솟아난다. 그동안은 몰라서, 그냥 살아지는 대로 사는 삶이었다면, 지금부터는 내가 어떻게 살아가야 할지를 알고 한발씩 나아간다.

살면서 나를 뒤흔드는 일이 또 많이 생기겠지만, 지금 내가 나를 단단히 만들어놓은 이 과정들이 큰 힘이 되어 중심을 잡아줄 것이라고 믿는다.

내 삶은 '아직' 진행 중이다.

괜찮아,
잘하고 있어

―――――

운명처럼 타로를 보게 되었다. 타로 선생님은 꽤 유명하신 분이라고 했다. 쉽게 만나기 힘든 분인데, 책방 무사에서 진행되는 행사에 책방주인이자 작가인 요조 님이 힘들게 모셨다고. 전날 먼저 타로를 보고 온 니콜 언니는 나도 행사에 꼭 갔으면 좋겠다고 해서 함께 자리하게 되었다.

"어제 타로를 봤는데, 정말 몇 년 묵은 체증이 내려간 것처럼 속이 시원했어요. 그리고 시온 님도 꼭 봤으면 좋겠다는 생각이 들었어요. 지금 하는 가장 큰 고민을 이야기하면 정말 잘 알려주실 거예요."

그 말에 나는,

"언니 정말 저는 요즘 고민이 없어요. 글을 쓰고 나서 마음도 편안해졌고, 가야 할 방향도 보이고, 그냥 지금처럼만 살아가면 될 것 같은 생각이에요."

라고 답했다. 그리고 가벼운 마음만큼이나 큰 기대 없이 타로점을 보았고, 결국 나는 또 눈물을 터트리고 말았다. 내 고민은 이랬다.

"저는 지난 2년 동안 많은 것들을 해봤어요. 그리고 지금 책 쓰기를 하고 있고요. 글쓰기가 너무 좋은데, 꼭 전업 작가로 살겠다 하는 마음이라기보다는…. 저는 제 능력으로 돈도 벌고 싶어요. 비즈니스도 하고 싶고, 강사도 하고 싶고, 하고 싶은 일들이 너무 많아요. 글쓰기로 돈을 벌며 살아야 할까요, 아니면 꿈으로만 두고, 돈을 버는 건 다른 일들로 해야 할까요?"

뭐라도 이야기해야 한다는 마음에 나오는 대로 말을 뱉었다. 하고 보니 참 정리가 안 된다, 싶은데 역시 용하긴 하신 분인지, 단번에 나를 파악했다.

나는 하나로 규정될 수 없는 사람이라고 했다. 무엇을 하든 내가 직접 해봐야 하는 사람이라고, 그 과정을 처음부터 끝까지 다 겪어봐야만 하는, 누가 시키는 대로만 하지 못하는 사람이라고. 나는 맞는 말이라며 맞장구를 쳤다. 순간순간 울컥하는 마음이 올라왔지만 잘 참아내며 카드를 뽑았다.

첫 번째 카드를 보고는, "지금도 무언가 계속 추진하고 계시네요." 하셨고, 나는 그렇다고 웃으며 대답했다. 두 번째 카드를 펼치자 긴 망토를 입은 남자가 고개를 푹 숙이고 있었다. 그녀는 나에게 "열패감이 있으시네요." 말했다.

"네, 제가 열등감이 좀 심하더라고요."

"아니요, 선생님은 열등감은 없으세요. 본인이 뭐든 하면 잘하는 사람이라는 걸 이미 알고 있어요. 그런데 열패감이 심

해요. 열패감은 무엇을 하든 자꾸만 실패했다고 나를 몰아치는 거예요. 누가 자꾸 선생님께 결과를 요구하나요? 절대 그럴 필요 없어요. 이미 다 잘하고 계시는데, 그 열패감 때문에 자꾸 앞으로 나가지 못하고 있어요. 이제 그 사람과의 인연을 끊어내세요. 올해는 꼭 거기서 벗어나셔야 해요. 지금 운도 굉장히 좋고, 선생님을 찾으려는 사람들도 많아요. 많은 사람이 지켜보고 있다가, 필요할 때 선생님을 찾을 거예요. 그런데 본인이 자꾸 고개를 숙이고 우울하게 있으니깐 그것들을 못 보고 계세요. 고개를 들어 뒤쪽을 바라보는 순간, 저기 비치는 햇빛이 보일 거예요. 다른 소리 말고 선생님 내면의 깊은 목소리에 귀를 기울이세요."

열등감이 아닌 열패감이라는 한마디에 기어이 울음이 터져 나왔다. 처음 알게 된 사실이 아닌 이미 나도 잘 알고 있는, 내 발목을 잡고있는 마음이었다. 남들은 다 나보고 잘한다고 하는데, 나만 나를 인정하지 못했다. 나는 도대체 누구에게 그렇게 인정을 받으려고 했던걸까, 부모님도 남편도, 친구들도 그 누구도 나에게 더 잘하라고 강요한 적이 없고, 그만하면 됐다고 하는데도 늘 더 잘하지 못해 안달이었다. 이런 나를 아는 남편 역시 늘 "당신이 얼마나 대단한 사람인지 자신만 모르고 있어. 그것만 뛰어넘으면 뭐든 다 원하는대로 해낼 수 있을 거야."라고 이야기해 주었지만, 나는 늘 그 한계를 뛰어넘지 못했다.

내가 인정받으려고 했던 사람은 다름 아닌 나였다. 나를 인정하지 못한 사람 역시 나였다. 타로 점괘는 이런 내 마음을 꿰뚫어 보았다. 그리고 힘을 주는 말들을 해주었다. 지금처럼만 하고 싶은 것들을 즐겁게 하다 보면, 내가 쌓아놓은 과정들이 결국 전문성이 되어 사람들에게 도움을 주는 삶을 살 수 있을 것이라 했다. 이제 막 시작하려는 사람들의 어려움을 해결해주는 병따개 같은 사람이라고, 절대 굶어 죽지 않을 사람이니 돈 걱정하지 말고 하고 싶은 것들을 맘껏 하라고. 그럼 내가 해놓은 여기저기에서 돈이 다 들어올 것이라고.

니콜 언니의 말처럼, 몇 년 묵은 체증이 내려간 것처럼 가슴이 시원해졌다.

내가 듣고 싶던 말들을 속 시원히 해주는 타로 선생님의 점괘를 나는 믿어보기로 했다. 타로점이 신빙성이 있는지 없는지는 상관 없다. 이미 내가 알고 있고, 생각하고 있던 것들을 그녀는 카드에 빗대어 말로 설명해준 것 뿐이기에.

좋아하는 일을 하며 산다는 것은 살아가는 데 큰 힘이 된다. 내가 계속 방황하며 자리를 잡지 못했던 이유는 좋아하는 일이 돈이 되어야 한다는 강박관념 때문이었다. 그러다 보니 내가 진짜로 좋아하는 일들은 늘 우선순위에서 멀어졌다. 꼭 좋아하는 일로 돈을 벌지 않아도 괜찮다. 돈이 되지 않아도 할 수 있어야 좋아하는 일이다. 내가 좋아하는 일을 즐기며 하는 시간이 쌓이면, 언젠간 좋아하는 일이 돈이 되는 날도 오지 않을까.

결과에 연연치 않으며 과정을 중요시하고, 그 과정을 하나하나 밟아 가는 사람. 과정이 쌓여 전문성이 되는 사람. 그리고 그 능력으로 누군가에게 도움이 되는 사람. 내가 살아가고 싶은 삶이고 되고 싶은 사람이다. 지금 나는 충분히 잘하고 있다고 나에게 이야기해 주어야겠다. 잃을 것도 실패

할 일도 없는 그런 과정을 밟아나가는 중이라고. 이제 내가 나를 인정하기로 한다.

"괜찮아. 잘하고 있어."

부캐가
본캐로

나에게는 평범한 본캐와 특별한 부캐가 있다. 두 아이를 키우는 평범한 엄마, 제주에 살지만 누구나 기대하는 펜션이나 카페가 아닌 빨래방을 운영하는 평범한 자영업자, 예쁘지는 않지만 사랑스러운, 지극히 평범한 내가 오프라인 페르소나 본캐다. 그리고 꿈이 있고, 꿈을 키워나가는 열정적이고 꾸준한 모습만을 간직한 '시온이'는 나의 온라인 페르소나 부캐다. 시온이는 많은 사람에게 "멋있어요!"라는 '좋아요'와 '공감'을 받는다.

본캐는 사람들에게 가장 많이 비치는 원래의 내 모습입니다.
주로 직업이나 엄마, 아빠, 학생 같은 대표적인 역할을 말해요.
부캐는 나의 또 다른 자아, 제2의 페르소나입니다.
「나의 첫 사이드 프로젝트」 최재원

나의 성장 과정을 블로그와 인스타그램에 기록하고 있다. 닉네임은 '라이팅시온'이다. 라이팅은 글을 쓰는 사람이라는 writing의 의미와 나다울 때 반짝반짝 빛난다는 lighting의 의미를 모두 갖고 있다. 다른 사람들에게 정보를 주는 용도로 많이 쓰이는 블로그이지만, 내가 블로그를 시작한 이유는 성장하기 위해서였기 때문에 당당하게 성장 기록을 남기고 있다.

블로그에는 나의 첫 도전인 미라클모닝 100일의 기록이 고스란히 담겨있다. 그 일기에는 변화하고 싶어 하는 엄마의 눈물겨운 고군분투가 다 담겨있다. 그 시절 나는 정말 간절했고, 그 간절함을 가능한 있는 그대로 솔직하게 블로그에 기록하기 시작했다. 누군가에게 나를 잘 드러내지 못했던 나는, 나를 변화시키기 위해 내 모든 것을 바꿔야 한다고 생각했고, 큰맘 먹고 블로그에 나를 있는 그대로 써 내려갔다.

지금도 블로그를, 그리고 책 쓰기를 시작도 하지 못하는 사람들에게 과감하게 한번 자신의 이야기를 블로그에 써보라고 이야기해 준다. 글은 나 혼자서 쓰면 일기가 되고, 누군가에게 보여주면 그제서야 글이 된다. 블로그에 글을 쓰고, 발행 버튼을 누르고, 딱 하루만 지나면 알게 된다. 사람들은 나에게 별로 관심이 없다는 것을. 그렇게 조금씩 조금씩 더 솔직하게 나를 표현하는 연습을 해보면 된다.

'변화하고 싶다'는 간절한 마음이 있었기에, 과감하게 나를 세상에 드러내는 도전을 할 수 있었다. 그리고 평소 읽어온 책들에서 과감하게 자신을 드러내는 작가들을 보며 나도 언젠가는 작가가 될 수도 있으니 미리 나를 보여주는 연습을 해보기로 했다.

솔직한 내 모습은 진정성 있는 모습으로 사람들에게 다가갔고, 살면서 '멋있다'는 말을 가장 많이 듣게 되었다. 하지만 준비가 되지 않은 나의 본캐는, 평범하다는 열등감으로 가득했던 나의 본캐는, 멋있다는 말을 받아들이기까지 오랜 시간이 걸렸다. 현실과 이상 사이의 간극은 참 컸다.

아무리 있는 그대로 블로그에 기록을 했다고 하더라도, 글과 사진이 주는 힘은 실제보다 더 그럴싸해 보였다. 특히나 블로그에는 내가 가지고 있는 많은 모습 중 보여주고 싶은 모습만을 보여주다 보니, 항상 열정이 가득했고 무엇이든 못하는 게 없는 슈퍼우먼이었다. 하지만, 종일 운동화를 빠느라, 자기계발을 하느라, 육아와 살림에 지친 나의 모습까지는 차마 보여줄 수 없었다. 아니, 온라인엔 굳이 그런 모습들까지 보여줘야 할 필요가 없었다. 내가 좋았던 순간들을 기록해놓는 곳이니 말이다.

과연 이게 맞나. 수많은 고민과 방황의 시간을 보내는 중에도 나는 성장을 포기하지 않고 꾸준히 기록했다. 그리고 시간이 어느 정도 지나고 나니 시온이라는 부캐가 내 본캐가 되어있었다. 시온이가 나이고, 내가 시온이임을 나 스스로 인정하게 되었다.

온라인상에서 글로만 꿈을 꿔왔던 게 아니라, 쓰는 대로 살아왔고, 살아온 대로 써왔다. 아마 기록하지 않았다면, 지금의 나는 없었을지도 모른다. 기록의 힘은 실제로 위대하다. 글에는, 더욱이 보이는 글에는 강한 책임감이 있었고, 다행히도 나는 책임감이 강한 사람이었다. 내가 쓴 글에 책임을 지고 싶었기에 책임질 수 있는 글들을 적었고, 지켜냈다. 누구에게 보이기 위해서가 아닌 나를 위한 글을 썼기 때문이다.

"이야기 속에 살아라."

나의 글쓰기 스승이신 김재용 작가님께서 알려주신 말이다. 나는 스스로 나의 이야기를 만들어왔다. 평범한 엄마에서 꿈꾸는 엄마로, 글 쓰는 엄마로 나다움을 찾아갔다. 앞으로도 시온이라는 내 부캐와 함께 앞으로도 쭉 포기하지 않고 꿈을 꾸며 이루고 살아갈 것이다. 내가 남기는 기록들이 모두 내가 만들어가는 이야기들이 되어 나와 함께 할 것이다. 가장 중요한 건 꿈꾸며 기록하며 사는 지금의 삶을, 내가 즐기고 있다는 것이다.

부캐는 즐겁고 자신감 있는 내 인생을 위한 가장 재미있는 놀이이자, 리스크 없는 투자입니다.

「나의 첫 사이드 프로젝트」 최재원

지금도 나는 만나는 사람마다 블로그를 꼭 해보라고 강력하게 추천한다. 누구나 어쩔 수 없이 해야만 하는 주어진 역할인 본캐가 있을 것이다. 혹시 그 본캐에 만족하지 못하고, 무언가 가슴 속 깊은 곳에서 '하고 싶은 일'을 갈망하는 또 다른 자아가 있다면, 부캐를 만들어 온라인에서 풀어내면 좋겠다. 그게 글이든, 음악이든, 그림이든, 아이돌 덕질이든 무엇이든 괜찮다. 단, 내 마음이 간절히 원하는 것이라면.

갓시온?
GOD시온!

나의 온라인 닉네임은 시온이다. 이름 자체에 특별한 뜻은 없고, 다만 학창시절의 추억에 빌려온 이름이다. 어릴적 학원을 오가며 다니던 길에 '엘리시온'이라는 카페가 있었는데 그 이름이 너무 예뻐서 나는 '엘리'가 되기도 '시온'이가 되기도 했다. 지금, 나를 시온이라는 이름으로 만나 함께 자기계발을 하며 성장하는 친구들이 있다. 이 친구들은 나를 GOD시온, 갓시온이라고 부른다.

모두 자기 삶을 열정적으로 살아가는, 내가 보기엔 나보다

훨씬 멋진 사람들이다. 그런 사람들이 나에게 갓시온이라고 불러준다는 것은 나에게는 영광이다. 이 친구들을 놓치기 싫어서, 함께 성장하고 싶어서 네이버 카페를 만들었다. 이름은 '성장하며 소통하는 사람들 in 제주', 줄여서 '성소사'라 부른다. 이 공간에는 자신의 삶을 조금 더 나아지게 만들려는 사람들이 모여 있다 보니 서로가 주고받는 자극이나 에너지가 엄청나다.

예를 들어, 누군가 새벽 4시 30분에 기상을 한다면, '나도 할래!' 외치며 함께 한다거나, 누군가 1일 1식을 한다면 또 따라 하고, 운동한다면 또 따라서 운동을 시작하는 식이다. 내면 아이를 치유하는 심리독서 모임이나 새벽 7시에 자기계발서를 읽는 새독, 고전 도서를 읽는 고독 등 여러 독서 모임도 있고 글을 쓰며 나를 실험해보는 글쓰기 모임도 있다. 올해부터는 1년에 책 100권을 읽는 완독 모임도 새로 생겼는데, 끝까지 다 읽어낸 책을 게시판에 짧은 감상평과 함께 올리고 있다. 덕분에 독서에 푹 빠져 살고 있어 좋기도 하지만, 다른 사람들이 읽은 책들을 구경하는 재미가 쏠쏠하다.

각자 저마다 살아가야 하는 일상들이 있고, 살아온 환경, 살아가는 모습은 모두 다 다르지만, 묘하게 어울리는 우리다. 외면보다 내적으로 추구하는 가치가 비슷하기에 가능한 일이다. 어떤 사람들 눈엔 우리가 힘들어 보이는 것 같다. 우리가 사는 모습을 보고 "왜 그렇게 열심히 살아? 좀 쉬엄쉬엄 살아." 이야기를 하는 것을 보면 말이다.

엄마로, 직장인으로, 자영업자로, 모두 살아가야 할 역할이 있는 우리에겐 시간이 넉넉하지 못하다. 그럼에도 불구하고 시간을 쪼개고 쪼개 열심히 사는 이유는 분명히 있다. 내 몸과 정신을 힘들게 한 만큼, 얻어지는 것들이 있다. 함께 성장해온 지 벌써 4년차다. 뭔가 하고 싶은데, 그게 뭔지 몰랐던 이들이 하나씩 자기 길을 찾아 꿈을 이루어 나가고 있다. 처음에는 뭘 해야 할지 몰라, 이것저것 마음이 가는 대로 해보던 우리였다. 하지만, 함께 하는 시간 속에서 '나'를 찾게 되었고, 급기야는 '꿈'이 생겼다. 다들 하나의 꿈을 이루고, 또 다른 꿈을 꾸고 있다.

작가, 책방지기, 독립출판 사장님, 1인 기업가, 강사, 유튜버

등 함께 책을 읽고, 글을 쓰고, 서로의 성장한 모습을 보면서 키워온 꿈인데도, 신기하게도 우리는 서로에게 끌려가지 않고 각자 나다운 꿈을 꾸며 살아간다.

누군가는 자기계발은 혼자서 하는 거라고 하던데, 나는 좀 다르게 생각한다. 혼자서 성장했다면 이렇게 자신의 꿈을 빨리 발견하기는 힘들었을 것이다. 자신의 꿈을 찾아가는 것에는 경험이 가장 중요한데, 내가 해볼 수 있는 경험은 한계가 있다. 우리는 각자가 꿈을 이뤄나가는 모습을 보며 간접경험을 할 수 있다. 그러면서 내 마음이 끌리는지 아닌지 더 잘 알아갈 수 있다. 가끔 이 길이 맞는지 틀린지 지치거나 흔들릴 때, 잠시 쉬어가도 다시 돌아올 곳이 있으니 포기는 하지 않게 된다. 그렇기에 나는 '함께' 성장하라고 말한다.

결국 살아남는 사람들은 큰 흐름을 읽으려 노력하고 유연하게 자신을 변화시키며 대처하는 사람들이라고 볼 수 있다. 그리고 이런 사람들은 끊임없이 자신과 공동체의 성장을 위한 공부를 멈추지 않는다는 공통점이 있다. 하지만 답이 정해져 있는 공부를 홀로 하지 않는다. 현실에서 현장에 있는 사람들과 함께

한다. 그것도 내가 먼저 열심히 배워서 남 주기 위한 공부를 봉사하는 마음으로 오랫동안 지속한다. 마이크로소프트는 이런 사람들을 '커뮤니티 리더'라고 부르며 최선을 다해 우리 편으로 만들기 위해 노력한다.

「홀로 성장하는 시대는 끝났다」 이소영

이소영 작가는 8년간 마이크로소프트 글로벌 인플루언서 팀에서 일하면서 2,000여 명의 커뮤니티 리더들과 교류해 왔는데, 커뮤니티 리더야말로 앞으로 이 시대를 이끌어갈 인재라고 분명히 말한다. '혼자 가면 빨리 가고, 함께 가면 멀리 간다'라는 말이 있지만, 내 경험으론 '혼자 가면 빨리 가고, 함께 가면 더 빨리, 더 멀리 간다'라 감히 말한다. 실제로 "꿈, 그게 뭐예요?" 말하며 막막하고 답답하게만 굴던 우리들이 이렇게 빠르게 성장할 수 있는 이유 역시 '함께'였기 때문이다.

꿈 친구들을 만나고 돌아오는 길엔 늘 가슴이 설렌다. 나는 사람들을 참 좋아하는데, 특히 나에게 좋은 자극을 주는 사람을 좋아한다. 그런 사람들을 통해 배울 수 있다는 것이 참 좋다. 그게 내가 이 사람들과 함께하는 이유고, 내 시간과 노력을 '함께'에 쏟아붓는 이유다. 누군가를 위해 나를 내어주는 것 같지만, 결국 내가 좋아서 하는 일들이니, 나를 위한 일이다.

많이 배우지도, 가지지도 않은 내가 성장하기 위해서는 나를 자극할 수 있고, 이끌어 줄 수 있고, 함께할 수 있는 '사람'이 필요하다. 그래서 나에겐 사람이 전부다. 친구들은 나에게 고맙다고 하지만, 부족한 나를 '갓시온'이라 부르며 함께해주는 사람들 덕분에 나는 매일 성장하고 있기에 진심을 다해 내가 더 고맙다고 말해주고 싶다. 1년, 2년, 그리고 5년 뒤엔 더 크게 성장해 있을 이 친구들과 나, 그리고 성소사의 미래는, 생각만 해도 설렌다. 내가 꿈꾸고 있는 제주 꿈 스쿨은 성소사를 기반으로 분명 이루어지지 않을까?

꿈과 거리두기

행복과 꿈에 닿으려고 애쓸수록 더 멀어지는 느낌이다. 내가 그리는 이상적인 내 모습과 현실의 내 모습이 너무나 달라서 번번이 좌절했는데, 글쓰기 수업에서 청소년 상담사이자 작가인 어진아C의 이야기에 힌트를 얻었다. '갱년기 남편과 사춘기 아이 사이에 적당한 심리적 거리가 필요하다'는 말. 부모와 자식 사이도 꼭 그런 것 같다. 너무 가까이 다가가면 왠지 뒤로 물러나고 싶은, 각각 다른 극을 가진 자석 같은 관계 말이다.

나와 내 꿈 사이에도 적당한 거리가 필요하다. 지난 3년을 정확히 무엇인지도 모르는 꿈을 찾아내기 위해 아등바등 달렸다. 뭔가 찾아낸 것 같아 자신감이 생길 만하면, 또다시 저만치 멀리 가 있었다. 언젠간 그곳에 닿겠지 하고 또 달리지만, 뭔가 공허했다. 미래를 보느라 내 현재를 보지 못했기 때문이다.

이제 열심히 달렸으니 결과로 증명해야 한다는 압박감이 나에게 훅 들어왔다. 나의 성장을 묵묵히 지켜보고 기다려준 남편에게 보답하고도 싶었다. 내가 선택한 증명법은 돈이었다. 돈을 벌어오면 되겠지. 내 능력으로 돈을 벌어서 떳떳해지고 싶었다. 돈을 좇다 보니 결국 내 기대치에 근접하지 못했고, 나는 또 좌절했다.

멀리 보지 못하고 넓게 보지 못하고, 바로 코앞만 바라본 결과였다. 꿈과 나 사이에 적당히 거리를 뒀어야 했다. 그렇지만 잃은 건 없다. 여러 강의를 찾아 듣고 책을 사느라 돈을 좀 썼지만 결코 잃은 것은 아니다. 오히려 얻은 게 많다. 결과는 그렇게 쉽게 나타나지 않는다는 것. 내가 지나온 모든 것들이 다 의미 있는 과정이라는 것. 나는 지금 꿈으로 향하는 과정에 있다는 것을 인지했고, 그 과정을 즐길 수 있는 마음의 여유가 생겼다.

올 한 해 쉬어가기로 했다. 그건 결과를 내겠다는 무언의 압박에서 벗어나겠다는 뜻이지, 결코 아무것도 하지 않겠다는 뜻이 아니다. 나는 여전히 새벽 5시에 기상을 하고, 새벽 운동을 하고, 매일 책을 읽고, 글을 쓸 것이다. 달라진 게 있다면, 애쓰지 않기로 했다는 것이다. 지금, 여기, 오늘, 나는 행복하기로 했다. 내 온 마음을 꿈에 두지 않고, 오히려 적당한 거리를 두는 것이다.

"내 시간과 노력을 들인 만큼 나는 성장한다."

매일 주문을 외우듯 이 만트라를 블로그에 적었다. 딱 그 초심으로 돌아가기로, 나의 시간과 노력의 축적이 일으키는 힘을 믿어보기로 한다.

"나는 마음이 흔들릴 때는, 초심으로 돌아가. 그럼 답이 나오더라고. 그리고 결국 끝까지 가보는 거야."

며칠 전, 뜻하지 않게 함께 저녁을 먹게 된 조심스러운 듯하면서도 할 건 다 하고 마는 지앵 언니가 한 말이 힘이 됐다. 꿈을 꾸고 그 꿈을 이루어나가는 것만큼, 지금 내가 살아가는 현실 또한 중요하다는 것을, 거리를 두고 나니 이제야 보인다.

새로운 길 위에서
낯선 나를 만났다

———————

새벽 7시에 카페로 출발했다. 익숙한 우리 동네를 벗어나, 윗동네의 처음 보는 카페로 갔다. 차를 세워놓은 후, 바로 들어가지 않고 일단 길을 따라 무작정 걸었다. 아직도 깜깜한 거리엔 지나다니는 사람도 없었고, 편의점 외에 문을 연 가게도 없었다. 이런 깜깜함이 이젠 익숙했다. 넓은 4차선 도로가 통째로 내 세상이었다. 걷다 보니 오르막길이 나왔다. 어디로 통하는지는 몰랐지만, 어쨌든 걸어보기로 했다. 왠지 평평한 길보다는 오르막길을 헉헉대며 걷고 싶어졌다.

나의 서른아홉을 안식년으로 삼기로 했고, 최대한 나를 위해 놀아보기로 했다. 안 가본 곳에 가고, 안 해본 것을 하는 시간을 자주 갖기로 했다. 그래서 늘 다녀 익숙한 곳만 자주 가던 내가 의식적으로 새로운 곳들을 찾아다녔다. 이 오르막길도 그 시도 중 하나다. 걷다 보니 눈에 익은 큰 길이 나왔다. 한라수목원으로 통하는 도로다. 여기까지 온 김에 한라수목원 안에 있는 광이오름 정상을 가보자고 마음먹었다.

스마트폰을 꺼내 들고는 아주 자연스럽게 유튜브를 열었다. 어떤 강의를 들을까 고르다가 유튜브를 닫고, 음악 앱을 열었다. 그래, 노래를 듣자. 90년대 가요를 크게 튼 후 스마트폰을 주머니에 넣었다. 길가에 아무도 없기에 가능한 일이었고, 오롯이 음악과 나의 몸, 호흡과 마음에만 집중했다.

음악을 듣기 시작한 지 며칠이 채 지나지 않았다. 그동안의 나는 차로 잠깐 이동하는 사이, 집에서 설거지를 하거나 샤워를 하는 등 단 5분 정도 잠시 잠깐의 시간만 있어도 습관적으로 유튜브 강의를 들었다. 그래야 할 것 같았다. 마치 강의에 중독된 사람처럼 계속 무엇이든 배워야 하고 해야 한다는 강박관념에 사로 잡혀있었다.

글을 쓰기 시작하면서 음악을 듣기 시작했다. 노래를 듣는 시간은 사치라고 여겼던 나에게 음악을 듣고 즐길 수 있는 마음의 여유가 생겼다. 참. 그게 뭐라고. 그동안 내가 나를 너무 옥죄고 살았구나 싶다.

네가 어디서 뭘 하든 상관 안 할래? 가든 말든 네 맘대로 해
매번 지겹도록 반복되는 everyday U&I U&I U&I

마침 에일리의 노래 U&I가 흘러나왔다. 왠지 속이 시원해졌다. 그래. 내가 무엇을 하든 아무도 상관 안 하는데, 내 맘대로 하면 되는 거였는데, 어쩜 그렇게 내가 아닌 다른 사람들의 눈치를 보며 뭐든 잘해야 한다고 생각하며 살아왔을까.

큰길을 건너 한라수목원으로 가는 길 입구에 들어섰다. 달리기하시는 나이 지긋한 부부가 보인다. '그냥 저렇게 내가 하고 싶은 것들을 하며 살면 되는 거지. 내 인생 내가 살기 나름 아닌가?' 하는 생각이 불현듯 들면서 울컥하고 눈물이 주르륵 흘렀다. 항상 아등바등하며 정신없이 살아온 내가 참 불쌍하고 안쓰럽다고 생각했는데, 지나고 보니 아무도 나에게 그렇게 살라고 얘기한 적이 없었다. 그저 내가 그렇게 살아왔을 뿐. 그 모든 게 내 선택이었다.

내가 힘들다고 징징댔던 지나온 세월 중 꼭 힘들기만 했던 적은 없었다. 주어진 환경 안에서 최선을 다해 살아왔을 뿐이다. 그 과정들 속에서 좋았던 기억도, 행복했던 순간도 많았다.

내가 나를 불쌍하다고 여기는 생각의 틀을 깨는 게 지금 나에게 가장 필요하다. 그래서 좀 쉬어가기로 했고, 안 가본 곳들을 가며 생각을 바꾸는 훈련을 하는 중이다. 지금 이런 느낌들이 모두 글을 쓰면서 치유되는 과정인 건가 싶다. 그래, 치유. 어쩌면 나에겐 더 빨리, 더 멀리 나아가는 것보단 마음의 치유가 필요했었는지도 모른다. 문득, 이제부터 진짜 나답게 살아갈 수 있지 않을까 하는 생각이 들었다.

한라수목원의 길 중간 즈음에서 나는 다시 발걸음을 돌렸다. 광이오름 정상은 포기하기로 했다. 불과 한 달 전만 같았어도 나는 악착같이, 여기까지 온 김에 무조건 광이오름 정상은 찍고 가야 한다며 무리를 해서라도 정상에 올랐을 것이었다. 이것 역시 나에게 찾아온 작지만 큰 변화다. 굳이 오늘 정상을 가지 않으면 어때? 힘들 땐 포기하는 것도, 나에겐 새로운 경험이다.

나는
살기 위해 쓴다

우연히 다른 사람과 나눈 대화에서 나도 모르는 내 마음을 확인할 때가 있다. 때론 나를 잘 아는 사람이 아닌, 잘 모르는 사람에게서 받은 질문이 더욱 마음에 오래 남기도 한다. 새로 가게를 오픈하기 위해 교육차 들린 멘토 매장이었다. 육지에서 제주로 이주해온 지 7년 차가 되었다는 그녀와 9년 차가 된 나, 꽤 괜찮은 직장을 다니다가 모든 것을 포기하고 자영업을 하고 있는 우리, 호기심이 생기면 일단 시도하는 점까지 처음 만났지만 통하는 것이 많은 사람을 만났다. 평소에 말이 별로 많지 않다고 느끼는 나지만(내가 이

런 말을 하면 대부분 믿지 않았지만) 내 이야기를 귀담아듣고, 자신의 이야기도 솔직하게 하는 사람 앞에서는 무장해제가 된다.

세탁 교육을 받으러 간 목적은 온데간데없이, 그녀와 나는 그동안 살아온, 앞으로 살아갈 이야기들로 교육시간 내내 주거니 받거니 하게 되었다. 평범함을 거부하고 나다움을 찾아나서 누구도 시키지 않은 생고생을 하고 사는 이야기 말이다. 나는 이런 사람들을 참 좋아한다. 자신만의 길을 가는 사람들. 무슨 일을 하든 돈을 벌려고 일한다는 맥락은 같지만, 어떻게 하면 조금 더 내가 하고 싶은 일을 하며 살아갈 수 있을까를 고민하는 사람들 말이다. 그런 사람들에게선 반짝반짝 빛이 난다.

IT 개발자로 꽤 오래 일했다는 그녀는, 회사를 그만두고 친구와 출판사를 2년 정도 했다가, 지인의 추천으로 카페를 운영했다가, 제주에 카페 직영점이 생긴다는 말을 듣고 어쩌다 제주에 왔다고 했다. 그렇게 제주에서 카페를 하다, 또 지인의 이야기에 혹해서 세탁업까지 하게 되었다고 했다. 돌다리도 두들겨 보고 건너라는데, 궁금하고 마음이 끌리면 일단 해봐야 하는 나의 모습이 왠지 그녀에게서도 보였다. 나보다 나이는 10살 넘게 많았지만, 왠지 그녀의 현재가 10년 후의 내 모습일 것 같다고 해야할까.

나도 나의 지나온 이야기를 하나씩 풀어놓다가 지금은 글을 쓰고 있다고 자신 있게 말했다. 책 낼 준비를 하고 있다고. 이런 당당함은 매일 글을 쓰기로 작정한 마음에서 나오지 않았을까 싶다. (내 입으로 직접 내뱉었으니 꼭 글을, 그리고 책을 써야만 한다.)

"어쩌다가 글을 쓰게 되셨어요?"
"글을 쓰는 게 왜 좋으세요?"

갑자기 훅 들어온 그녀의 질문에, 막힘없이 술술 대답하는 나를 보면서 나도 자세히 몰랐던 글을 향한 내 진심을 확인할 수 있었다.

"3년 전에, 블로그에 일기처럼 글을 썼어요. 그러다 우연히 친구의 제안으로 글쓰기 수업을 듣게 되었고요. 그런데 글을 쓰고부터 제가 변하기 시작했어요. 저는 원래 뭐든 하면 좀 깊게 파고들고, 잘해야 한다는 압박감이 심한 사람인데요. 유독 글쓰기에서만큼은 그런 게 없었어요. 글을 잘쓰고 못쓰고를 떠나서 그냥 제 마음을 있는 그대로 써 내려간다는 마음으로 써요. 그렇게 글을 쓰고 나면 속이 시원해져요. 글을 쓰기 전에 저는 참 가슴속에 답답한 게 많고, 매일 삶에 찌들어 '왜 나만 이렇게 힘들게 살아야 하나.' 하면서 찌질하게 살던 사람이었어요. 그런데 글을 쓰고 나서 그런 게 없어졌어요. 지금은 엄청 마음이 편안해요. 글을 쓰고 난 뒤 저를 만나는 사람들도 제 얼굴이 많이 편해졌다고 하더라고요. 그게 다 티가 나나봐요."

거침없이 쏟아내는 내 이야기에 나도 놀랐다. 내가 글을 쓰기 시작한 이유, 글을 쓰고자 하는 이유는 바로 내 마음이 편안해지기 위해서였다. 내가 살기 위해서, 나답게 살아가기 위해서 글을 썼다. 그동안 내 마음대로 살아오지 못했다고 남을 탓하고, 원망하고, 비난하면서 나를 불쌍해하던 자기 연민이 글을 쓰면서 없어졌다. 매일 술독에 빠져 좁은 세상에 나를 가두고 우울해하며 답답해했던 시간도 글을 쓰며 사라졌다. 다른 사람에게 잘 보이고 싶어 아등바등 안달났던 내 마음이 유독 글쓰기에서만큼은 예외였다. 내 글을 읽는 누군가를 위해 글을 써본 적이 없다. 글만큼은 나를 위해서 썼다. 내가 쓴 글을 내가 다시 읽으며 나는 나를 만났다. 나를 알았고, 나를 치유했고, 나에게 다시 살아갈 힘을 내게 했다. 그러니 글을 잘 쓰고자 하는 의지는 애초에 없었고, 지금도 없다.

노트북을 열고 키보드 자판에 손가락을 올리고 그냥 흘러나오는 대로 끄적인다. 오늘은 무슨 글을 쓸까 미리 정해놓는 법도 없다. 그날그날 첫 문장이 나오는 대로 그냥 쭉 써 내려갈 뿐이다. '모든 초고는 걸레다'라고 그 유명한 헤밍웨이도 말하지 않았던가. 나는 매일 걸레를 쓰기로 했다. 오래되진 않았지만 내가 글을 쓰면서 느낀 한가지는, 글은 일단 써야 한다는 것이다. 쓰고 또 쓰다보면 어느 날 내가 진짜 쓰고 싶은 이야기가 글로 나올 수 있다. 쓰지 않고서는 절대 글이 될 수 없다. 잘 쓰고 못 쓰고는 그 글을 읽는 사람의 마음에 닿고 안 닿고의 문제지 내가 통제할 수 있는 영역은 아니다. 그렇게 믿고 나는 오늘도 쓰레기든 걸레든 일단은 써낸 것에 만족한다.

보고
싶다는 말

―――――――

"시온 님, 보고 싶어요."

내가 가장 좋아하는 말이다. 나에게는 많은 꿈친구가 있다. 독서 모임이나 글쓰기 프로젝트를 함께하고 있는 친구들도 있지만, 한때는 함께였다가 지금은 따로 각자의 자리에서 꿈을 이루어나가는 친구들도 있다. 함께였든, 지금 함께이든 나에게는 모두 똑같은 꿈친구들이다. 이들 덕분에 나는 나를 찾았고, 꿈을 가지게 되었고, 꿈을 이루어나가고 있어 한없이 소중하고 감사한 사람들이다.

지금은 함께하지 않아도 다행히 우리에겐 SNS가 있다. 인스타로, 블로그로 우린 서로의 소식을 확인하며, 서로가 어디쯤을 가고 있는지 엿볼 수 있다. 어쩜 그렇게 자기 자신만의 길을 잘 걸어가고 있는지, 배가 아플 때도 있지만, 그런 배아픔이 결국엔 나를 움직이게 하는 좋은 원동력이 되어주기에 나는 그들의 소식을 보는 것을 주저하지 않는다.

하지만, 아무리 온라인으로 서로의 소식을 보고, 댓글로 소통을 한다고 하더라도 직접 만나서 눈을 마주치며 이야기를 나누는 것의 즐거움에는 미치지 못한다. SNS는 일방적인 소통이다. 각자 내가 하고 싶은 말만을 늘어놓으면 그만이다. 하지만 만나서 수다를 떠는 것은 다르다. 그 사람이 하는 말을 들으며 바로 반응하게 되기 때문에 쌍방향의 소통이 가능하다. 반짝반짝 빛나는 눈빛으로 서로의 꿈 이야기를 주고받는 시간은 그 어느 때보다 빠르게 흐른다. 그런 눈빛을 보고, 그 사람의 흥분된 목소리를 듣고, 주거니 받거니 맞장구를 치는 동안 내 머릿속엔 많은 생각이 활발하게 돌아간다. 만남을 끝내고 집으로 가는 차 안에서도, 집에 도착해서도, 그 흥분이 쉽사리 가시지 않는다.

내가 좋아하는 '함께'의 힘이다. 아무리 내가 가고자 하는 지점이 명확하고, 그 길을 향해 잘 걸어가고 있다고 해도, 혼자 있을 때는 쳐지기 마련이다. 그냥 일상을 살아내는 것도 고단한데, 꿈을 위한 시간과 노력을 더 써야 하기에 결코 쉬운 일은 아니다. 어떤 날은 체력적으로, 어떤 날은 정신적으로 나를 괴롭히는 순간들은 참 많다. 게다가 이렇게 열심히 한다고 무조건 된다는 보장도 없다. 결과는 알 수 없지만, 일단 오늘 할 일은 하고 봐야 하는 것. 그게 바로 꿈을 위해 걷는 과정이지 않을까.

꿈을 이루기 위해 시각화하라는 말을 많이 한다. 꿈이 이루어진 후에 그것을 누리고 있는 나의 모습을 시각화하는 것뿐만 아니라, 그 꿈을 이루기 위해 힘든 과정을 버텨내는 내 모습까지 시각화해야 한다. 그만큼 꿈을 이루는 과정은 쉽지 않다.

'그냥 여기서 포기할까?'
'내가 무슨 부귀영화를 누린다고!'
'나는 왜 이렇게 나를 힘들게 하는 거지?'

혼자 있을 때 조금만 힘이 들어도 이런 생각들이 스멀스멀 올라와 나를 괴롭힌다. 그러고는 이만하면 됐다, 할 만큼 했다, 이제 그만해도 된다는 등의 자기 합리화를 시작하고, 포기의 직전까지 가게 된다. 물론 포기도 하게 된다. 그럴 때 나와 같은 길을 걷고 있는 꿈친구들을 만나면 다시 힘이 나기 시작한다.

'그래, 나만 힘든 게 아니었네.' 하는 생각과 함께, 힘들어도 꿋꿋이 걷고 있는 그녀들을 통해 나를 본다. 누가 시키지 않은 이 길, 내가 선택한 이 길, 어렵고 고단한 이 길을 우린 참 잘 걸어가고 있다는 걸 안다. 그리곤 다시 일어서서 한걸음 내디딜 수 있는 힘을 얻고 돌아온다.

꿈친구들이 나에게 보고 싶다고 넌지시 건네는 그 한마디 안에는, 어쩌면 나와 같은 이유로 마음을 털어놓고 또다시 힘을 내어보고 싶은 그런 마음들이 담겨있지 않을까. 만나서 굳이 서로 무언가 해주지 않아도, 그냥 서로를 바라보는 그 자체만으로도 힘이 될 수 있는 그런 만남이, 그런 사람이, 나는 참 좋다.

나는 감히
마흔이 설렌다

마흔을 9개월 정도 앞둔 서른아홉의 4월. 나는 요즘 행복하고 무엇보다 충만한 삶을 산다. 지금처럼 하루하루가 설레고, 내일이 기대되는 삶을 살아본 적이 있을까 싶을 정도로 내가 처음 살아보는 삶을 살고 있다.

서울대학교 행복연구센터에서 카카오프로젝트로 사람들의 행복지수를 연구하는데, 나도 이 프로젝트에 참가했다. 100일간 매일 나의 마음이나 감정 상태를 점검하는데, 지금 자신의 삶에 얼마나 만족하는지, 행복한지 불안한지, 우울한

지 등의 정도를 1부터 10까지 기준으로 삼아 체크하면 된다. 나는 오늘까지 총 13일 차 인증을 했고, 대개 행복지수가 70~90점 정도를 오간다. 내 인증 점수를 넣으면 상위 10%에 드는 행복한 사람이라는 메시지와 함께 지금의 행복을 잘 유지하는 데 도움이 될만한 명언이 뜬다.

비록 서울대학교로 내 인증내용이 전달되긴 하지만 굳이 잘 보여야 할 필요는 없기에 최대한 솔직하게 해오고 있는데, 지금 행복하냐는 질문이나 의미 있는 삶을 살고 있느냐는 질문에 과감하게 8~10점을 누르는 스스로를 보며 나 자신도 놀라고 있다. 불과 3년 전, 아니 글쓰기 전인 4개월 전이었다면 결코 이런 행복지수는 나올 수 없었을 것이다.

삶에 부정적이고, 나를 미워했던 나였다. 그런 나에게 삶의 의미를 찾게 해주고, 만족하며 살 수 있게 해준 것은 글쓰기다. 무엇이든 하면 잘해야 하는, 조그만 실수도 용납하지 못했던 완벽주의 성향에 내가 못 하는 일에 자책하고 심한 열등감을 가지던 나였다. 내 안에 겹겹이 쌓여있던 열등감은 불쑥불쑥 눈물로 터져 나오곤 했다.

글쓰기 수업의 마지막 파티 때, 글 스승인 김재용 작가님께서 "시온이는 불쑥불쑥 올라오는 울음에 뭔가 원인이 있을 건데… 그게 뭔지 너무 궁금해. 그걸 꼭 찾아냈으면 좋겠어."라고 말씀하셨을 만큼. 나와 똑 닮은, 그러면서도 다른, 그래서 어울리는 나의 영혼의 단짝 니콜 언니의 첫 책 「내가 좋아하는 것들, 제주」에서 울보 유진이라고 공개적으로 칭할 만큼. 나는 울보였다. 그 울음의 의미를 나는 글을 쓰면서 알아냈다. 그것은 바로 열등감이었다는 것을, 나를 힘들게 했던 것들은 다름 아닌 나의 생각이었다는 것을, 그리고 현실에 순응하며 살아온 나의 학습된 무기력이었다는 것을.

알아차렸다고 당장 내가 변한다거나, 내 현실이 변할 수는 없겠지만, 알아차린다는 것은 곧 변할 수 있다는 것이다. 아는 만큼 보이는 법이고, 보여야 변할 수 있다. 나는 글을 쓴다기보다는, 글을 쏟아내고 있다. 내 안에 있던 것들을 밖으로 다 쏟아내고, 제삼자의 시선으로 나를 바라볼 수 있게 하는 게 바로 글이다. 글을 쓰면서 비로소 나에 대해 제대로 알 수 있었고, 내가 가야 할 길이 보이기 시작했다.

나는 평생 글을 쓰는 삶을 살기로 했다. 이 글을 쓰는 지금 가슴이 뛴다. 내가 그토록 원했던, 하지만 실체를 알지 못했던 내 꿈인 '내가 원하는 것을 하고 사는 삶, 가슴이 뛰는 일을 하며 사는 삶'이 바로 글쓰기였다. 아직 글쓰기를 시작한 지 얼마 되지 않은 초보이기에 섣부른 판단일지도 모르겠지만, 이렇게 책에다 쓸 수 있을 정도로 나는 글쓰기에 푹 빠져 버렸다. 내가 쓰는 글은 내가 살아온 경험에서만 나올 것이고, 또 그 경험을 내 언어로 풀어놓을 수 있는 것은 나만이 할 수 있는 일이다. 누구와 비교될 필요도 없고, 비교할 수도 없다는 생각에 힘을 빼고 글을 쓴다.

글을 쓰기 시작하면서 내가 해오고 있는 한 가지가 있다. 내 생각을 바꾸는 일이다. 그동안 나를 가둬왔던 낡고 무거운 사고들을 모두 바꾸기로 했다. 지금 내가 해야 할 가장 중요한 변화는 그동안 학습되어온 무기력을 끊어내는 것이다. '나는 못 해'라고 마음먹고 시도조차 하지 않아 내가 할 수 있는지, 없는지조차 몰랐던 일들을 해보는 것이다. 내가 가지고 있던 열등감들은 대개가 하고 싶었는데 못했던 일들에 대한 것들이었다.

글쓰기 역시 마찬가지였다. 글쓰기는 돈이 되지 않는다고 도망갔던 그때의 내 마음 깊은 곳에는 '내가 어떻게 책을 써'라는 못난 마음이 있었다. 글쓰기는 내가 못 하는 일이 아니라, 할 수 있는 일이었고, 못한다고 생각했던 건 내가 만들어 낸 생각의 감옥이었다. 이제는 그 감옥에서 탈출하기 위해 내가 할 수 있는 것들을 무조건 해보기로 했다. 된다 안 된다, 한다 못 한다는 해보고서 말할 수 있는 것들이다. 뭐든 할 수 있다고 생각하니 하고 싶은 일들이 더욱더 많아졌다. 하지만 무작정 달리지 않고, 내 속도대로 걸어갈 것이다.

지금처럼 포기하지 않고, 날마다 내 시간과 노력을 들인다면 또 2년 뒤에 나는 얼마나 변해 있을까. 지난 시간은 어디로 가야 할지 모르면서 열심히 살았다면, 이제는 평생 글을 쓰며 살겠다는 제대로 된 방향을 알고 나아갈 길이기에 더 기대되는 삶이다. 그래서 나는 감히 다가올 마흔이 설렌다.

흔들리지 않는
편안함

나를 잘 몰랐다. 그리고 타인의 시선 속에 살았다. 그런 나였기에 남들이 조금만 뭐라고 해도, 아니 아무 말 하지 않았는데도 늘 타인의 생각이 신경 쓰였다. 저 사람이 나를 어떻게 생각할까? 이렇게 생각하겠지? 굳이 하지 않아도 될 남의 속마음을 읽어내느라 애썼다. 조금이라도 그 사람이 싫어할 것 같으면 먼저 하지 않았고, 내 행동이 그 사람 마음에 든다고 생각이 되면 나서서 했다. 그러다 보니 나는 줏대 없는 사람이 되었다. 사는 게 피곤했다. 내 마음을 들여다볼 여유가 없는 건 당연했다.

나는 조그만 바람에도 흔들리는 갈대처럼, 이리 갔다 저리 갔다를 반복했다. 한다고 했다가 안 한다고 했다가, 괜찮다고 했다가 안 괜찮다고 했다가, 하루에도 수십 번 내 마음을 바꾸며 살았다. 내 삶에 별로 중요하지 않은 타인의 시선을 의식하느라 말이다.

이제는 흔들리지 않기로 했다. 그래서 1년의 안식년을 가졌다. 나를 찾았다고 하면서도, 나는 여전히 흔들렸다. 나보다 나은 사람, 나보다 많이 배운 사람, 나보다 많이 가진 사람들이 하는 말이 옳고, 나는 그르다는 생각을 하고 있었다. 그게 정답은 아닌데 말이다. 내 마음의 소리를 들어주기로 했다. 1년간 내 마음이 시키는 일만 하고, 타인의 마음은 고려하지 않았다. 살면서 가장 미움받을 용기를 내어서 살았다.

그래도 변한 건 없었다. 나를 떠나간 사람도 있었지만, 아쉽지 않았다. 흔들리지 않았다. 누군가 나를 떠나가도 나는 여전히 남아 있다는 것을 알게 되었다. 아무리 그래도 혼자 살아갈 수는 없다. 살면서 우리는, 그게 누구든 타인과의 관계 속에서 살아간다. 다른 사람의 영향을 받는 것은 당연한 일이다. 그렇기에 흔들리지 않을 내 중심을 잡는 것이 중요하다.

얼마 전 참여했던 새벽 독서 모임에서 읽은 책의 한 구절은 다음과 같이 말한다. 돈, 인간관계, 감정, 인생의 의미, 건강. 이 다섯 가지 영역이 골고루 조화를 이루어야 성공하는 삶이라고. 그 구절을 읽고 우리는 각자 다섯 가지 영역 중에서 자신을 힘들게 하는 것이 있는지, 있다면 어느 영역인지 이야기를 나누는 시간을 가졌다. 6명의 꿈친구들이 나란히 돈과 인간관계를 골랐다. 감정이나 인생의 의미, 건강 등은 내가 통제할 수 있는 부분인 반면에, 돈과 인간관계는 통제하기 힘든 부분이라 힘들 것이다. 돈과 인간관계는 어쩌면 서로 얽히고설킨 관계이지 않을까.

관계가 힘들다는 마음을 가만히 들여다보면, 그 안에 사실은 타인과의 관계가 멀어지는 것을 두려워하는 마음이 있다. 그런 마음이 '나'를 힘들게 하는 것이다. 누가 뭐라든, 다른 사람이 어떻든 내가 힘들지 않기 위해 내 마음을, 그리고 내 감정을 읽어줘야 한다. 나에게 발생한 상황은 내가 어찌

할 수 있는 부분이 아니다. 하지만 내 생각은 내가 선택할 수 있다. 그때 중요한 것이 나를 중심에 놓을 수 있는 힘, 내 정체성이 얼마나 확립되어 있는가다.

나를 찾아야 한다는 것, 나답게 산다는 것. 진부한 말일지 몰라도 이 세상을 살아가는 주체가 결국은 '나'여야 하기에 살면서 꼭 알아가야 하는 과정이다. 지난 3년, 1000일의 시간 동안 나는 유난스럽게도 '나'를 찾았다. 그리고 나를 만났고, 나를 알았다. 나답게 산다는 건, 애써 찾은 내 모습을 계속 고수하며 살아가는 것이다. 남들이 몰라줘도 괜찮다. 조금 흔들려도 괜찮다. 하지만 흔들려도 다시 내 자리로 돌아오는 것이다. 그리고 또 계속 꼬닥꼬닥 내가 갈 길을 걸어가는 것이다.

나답게 살아가는 시간이 쌓이고 쌓였을 때, 사람들은 알아주기 시작한다. 그 시간을 버텨내는 것이 지금 내가 해야 할 일이다. 요즘 또다시 마음이 잠시 흔들렸다. 내가 추구해온 가치에 의심이 생겼고, 내 신념에 대한 비판의 마음이 생겼다. 그런데, 나는 다시 내 자리로 돌아오기로 했다. 아직 내

신념을 큰소리로 외치지 못하더라도, 나는 조금씩 내 목소리로 이야기할 것이다. 결국에는 인정받는 그날까지. 버티고 버텨내기로 했다. 지금까지 그래왔듯, 내 상황이 어떻든 내 환경이 어떻든 오늘 내가 할 수 있는 일을 하면서 말이다.

나를 찾아가는 SNS 기록들

Part 2

더 나다운 나를 찾아가는 이야기

2018. 7. 12

나는 이제 진짜 '나'라는 사람이 궁금해졌다. 잘나지도 못나지도 않은 있는 그대로의 나를 만나고 싶어졌다. 그리고 나를 사랑하고 싶어졌다. 내가 나를 사랑해야 다른 사람도 사랑할 수 있는 것 같다. 내가 나를 구박하고 싫어하고 미워하고 탓하는데, 어떻게 남을 사랑하며, 남들이 나를 사랑해줄까.

누구나 인생에서 힘든 시기는 있을 것이다. 그런데 그런 시기를 꼭 거쳐야 나를 돌아볼 수 있다. 안전지대를 벗어나서 고생을 제대로 해봐야 그 안전지대가 얼마나 소중했는지 알게 되듯이, 나를 싫어하고 미워하고 나니 내가 얼마나 괜찮은 사람인지 소중한 사람인지 알게 되었다.

이제부터 나를 만나고 알게 되고 사랑하기 위해 이 일기를 써보려고 한다. 있는 그대로 진짜 그냥 나를 만나게 되는 그날까지.

2018. 7. 25

나는 생각하기를 좋아하고
생각이 많다.
그런데 실천을 하지 않는다.
생각하고 실천하자.
당장 몸을 먼저 움직이자.!!

2018. 10. 25

새벽 5시 30분 일어나

집에서 혼자서 유튜브 보며 요가 한지 3주 차

다른 가족들은 다 자고 있고

온전히 나 혼자만의 시간

나에겐 작지만 소중한 행복이다.

엄마로 아내로 사는 와중에

온전히 나를 위한 시간

나와 만나는 시간은 꼭 필요한 것 같다.

2018. 11. 1
___

시간은 없다고 말하는 사람에게는 언제나 없지만
그 시간을 만들어내는 사람에게는 무한대인 것 같다.
나를 위한 시간을 만듦으로써 나와 만나고 나를 사랑하는
것이 곧 나의 자존감을 높이는 방법이겠지.

2018. 11. 13

혼자 책 한권 들고 커피숍 가기.
정말 별 것 아니지만 나를 살아가게 만드는 나를 힘이나게 만드는 큰 원동력이 된다.

엄마로 아내로 바쁘게 살아가는 소중한 내 친구들에게도 정말 작고 소소하지만 나로 살 수 있는 나와 만날 수 있는 자신만의 무언가가 있었음 좋겠다.

2018. 12. 6

---

1. 감사일기 메뉴를 만들어만 놓고 시작을 못 하고 있었는 데 지금 이렇게 일기 쓰기 시작할 수 있음을 감사합니다.
2. 오늘도 컨디션은 안 좋았지만 크게 아프지 않았고 그 덕에 하루 느릿느릿 쉬엄쉬엄 살 수 있어 감사합니다.
3. 아픈 나를 쉬게 해주기 위해 혼자서 더 많이 고생해 준 내편에게 감사합니다.
4. 오늘 우리 딸 돌봐준 언니에게 감사합니다.
5. 감사할려고하니 감사할 일도 많고, 감사하는 마음 자체가 소중함을 느낍니다. 감사합니다.

2018. 12. 15

점점 마음을 굳게 먹고 있다.
아직 '확' 마음이 먹어지진 않는데 이렇게 시동걸다 '확' 제대로 시동 걸 날이 올거다.

오늘 혼자 걸었다. 몸은 힘들었지만 뿌듯했다.
걸어오면서 '버스탈까?'라고 흔들렸지만 그 유혹을 이겨냈다. 나를 이겨낸거다.

이렇게 조금씩 나를 이겨낸 경험치가 쌓이면 나는 정말 내 삶을 나를 통제할 수 있는 사람이 될 수 있을것만 같다. 내가 좋아하는 일을하고 내가 좋아하는 삶을 만들고 내가 좋아하는 내가 될 것 같다.
나도 할 수 있는 사람이라는 걸 느껴보고 싶다.

이런 마음 먹었을 때,
좀 독해져보길!

2018. 12. 18

나는 이제 행동을 하기로 했다.

그것도 꾸준히.

뭐든지 습관이 무섭다고 하니까 지금 가지고 있는 나쁜 습관을 버리는 연습을 하고 좋은 습관을 가지기로 했다. 행동도 조금 하다 말면 나는 그냥 예전의 나로 돌아가 버리고 말 것이다. 그래서 뭐든 100일. 100번은 해보자고 마음 먹었다.

감사일기 100일을 써보자. 100번이 어렵지 그게 습관이 된다면 그 다음 200번, 300번은 더 쉬워지겠지. 이런 깨달음을 얻게하고 느리지만 조금씩 실천하고 있는 나에게 여섯 번째 감사일기를 쓰고 있는 나에게 감사한다.

2019. 1. 2

새해가 밝았다.

서른일곱 살이 되었다.

다들 나이 먹는 게 싫다고만 하는데

나는 이상하게 너무 좋다.

그냥 막 기대된다.

이제 내가 나를 알아가고 나와 만나기 시작했기 때문이다.

2019. 1. 20

나는 나다울 때 제일 보기 좋고 제일 행복한 것 같다.

내가 나를 찾기 시작한 게 너무 좋다.

나는 이제 나답게 살기로 작정했다.

2019. 2. 1

작심삼일에서 벗어나기 위해서 번호를 부여하기 시작했다.
번호가 하나씩 늘어날수록, 더는 포기할 수 없게 된다.
그동안 해온것들이 아깝기도 하고 습관이 되고 있다.
살면서 처음 느껴보는 일이다.

변하고 싶었다.
그저 평범하디 평범한 삶을 사는 '나'이지만,
알고 보니 특별한 사람이었다.
부끄럽지만 나는 정말 특별한 사람 같다.

2019. 2. 7

나를 알아가고 나를 찾아가며 나는 다시 살아났고,
우리 가족도 함께 살아났다.
엄마가 행복해야 하는 이유다.

'나'라는 존재는 작을지라도
'엄마'라는 존재의 가치는 어마어마하다.

2019. 2. 27

___

누가 시켜서도 아니고,
누구에게 보여주기도 아닌,
철저히 나를 위해서
나 자신을 알고 잘 데리고 살기 위해서 시작한 일들이라
잘 해나갈 수 있는 것 같다.

내가 좋아하는 일을 즐기면서 사는 삶은
내가 나에게 해줄 수 있는 최고의 선물이다.

2019. 3. 15

아무리 좋아하는 일들이라 해도,
마냥 좋을 수 만은 없구나.
성장한다는 건,
좋은 마음, 행복한 마음, 우울, 좌절감 등
모든 마음이 함께 하는 것이다.

2019. 4. 16

적어도 앞으로 5년, 아니 10년은
내가 좋아하는 일을 실컷 하며 살아보고 싶다.

이 길을 걸어다가가,
한번씩 지치고 힘들고 슬럼프가 올때면
이 글을 다시 읽어봐야겠다.

그리고, 내가 왜 이 길을 가고 잇는지
어디로 가고 있는지, 다시 한번 생각해봤으면 좋겠다.

2019. 4. 23

어제는 정신적으로 너무 힘든 하루였다.

힘든 상황을 바꿀 순 없었지만, 내 생각을 바꿀 순 있었다.

내 생각을 바꾼다고 상황이 바뀌진 않았지만,

그 상황을 대하는 내 태도가 달라졌다.

2019. 4. 25

블로그에 내 일상과 생각을 정리하면서,
머릿속에 가득차 빙빙 돌고 헤매던 나의 생각들이
하나둘씩 정리가 되어,
'나'라는 사람을 제대로 알게 해준다.

'나'와 만나고 '나'를 알게 되고 '나'를 좋아하게 되면서,
나는 자존감이 생겨 한층 더 밝아지고 활기차졌다.

그리고 매일 작은 일상들을 습관으로 만들면서
자신감도 생기기 시작했다.

그렇게 나를 찾아가는 과정에 블로그가 있었다.

2019. 5. 2

드디어 몸이 탈이 났다.
몸에서 신호가 온다.
좀 쉬어주라고..

나는 나를 잘 알기에
몸에서 신호가 올때는 무조건 쉬어주기로 한다.

일상이 무너져버리면,
그때서야 일상이 얼마나 소중한지 느끼게 된다.

일단 몸부터 추스르자.
지금 잠시 멈추고, 쉬었다가 다시 나아가자.

2019. 5. 7.

___

주위 사람들이 나에게 묻는다.
'왜 그렇게 힘들게 사느냐.'고.
그러면 나는 이제 이렇게 자신있게 대답한다.
'힘들지 않으면 내가 하고 싶은 것들, 이루고 싶은 것들은 어떻게 해내냐.'고.

이제는 그냥 받아들이기로 했다.

'나'라는 사람은,
이렇게 자꾸 나를 괴롭히더라도 내 몸을 움직여서 나를 키워야 그 재미로 산다는 것을.

2019. 5. 9

나는 호기심이 많아서인지
늘 무언가가 궁금하다.
그리고 알고 싶고, 알고나면 직접 해보고 싶다.
아는만큼만 보인다고 하는데, 세상이 조금씩 더 넓게 보이는 게 너무 재밌다.

하지만, 공부에 빠져 살다보니 살림은 뒷전이 되기도 한다.

그나마 이런 나를 이해해주는 내편인 남편이 있어 다행이고 늘 고맙게 생각한다.
남편의 입장에서는 공부를 좀 못해도 살림을 잘하면 더 좋을텐데, 늘 이렇게 있는 그대로 나를 인정하고 이해해주고 기다려주고 내 꿈을 응원하고 밀어주는 내편을 위해서라도, 제대로 공부해야만 한다.

2019. 5. 11

축하축하!!!

드디어 기다리고 기다리던 100번째의 감사일기를 쓰게 되었다. 늘 시작만하고, 생각만하던 나에겐 길고 긴 여정이었지만, 하루하루 쌓아오니 오늘이 왔다.

끊임없이 일상에 감사하다보니, 현실을 받아들이게 되고, 삶을 대하는 나의 태도가 바뀌게 되면서, 나의 삶 자체도 변하고 있다.

그리고 작게나마 꿈이 생기기 시작했다.
내가 느낀 이런 변화들을, 다른 사람들에게도 느끼게 해주고 싶다. 아직도 내 주위엔 힘들게 삶을 살아가면서, 자기 자신을 모르고 부정하고 사는 많은 엄마들이 있다. 그런 엄마들에게 자기 자신을 찾고 그래서 다른 삶을 사는 방법을 조금이라도 공유하고 싶다.

그게 지금 내 꿈이다.

2019. 5. 21

'WHY'
무엇이든 시작할 때 힘든데도 불구하고 그것을 해야만 한다면 항상 자신만의 'WHY'가 있어야만 한다.

내가 왜 해야 하는지?
내가 지금 왜 힘들게 살고 있는지?
나는 왜 이렇게 살아야 하는지?

그 힘듦과 방황을 끝내려면, 나만의 'WHY'가 분명해야 한다. 늘 내가 고민해오고 있고 내가 바라는 'WHY'는 한 가지다. 내가 원하는 삶을 사는 것.

나는 늘 그 한가지 WHY를 찾아 헤매는 중이다.
정확한 목표지점은 없다. 그냥 지금 하루하루 과정을 즐기며 해나가고 싶다.

이렇게 무기력해졌던 나를 다독여본다.

2019. 6. 4

힘을 빼자.

힘을 빼고 그냥 하자.

그냥 나답게, 내 방식대로, 내 속도대로.

2019. 6. 26

나는 이제 내가 지은 한계를 깨기로 마음먹었다.
내가 좋아하는 책을 실컷 읽고, 내가 좋아하는 글을 써서, 사람들과 소통하는 일을 하는 '작가'가 나는 될 거다.
처음으로 내 꿈에 '작가로서 사람들과 소통하기'라는 타이틀을 자신있게 붙여본다.

2019. 7. 11

"신유진답다."

요즘 내 모습을 보고 오래된 친구들이 나에게 해주는 말이다.

나 지금 나답게 살고 있구나. 참 다행이다.

2019. 9. 20

작가가 되고 싶다고 했다. 작가는 글을 쓰는 사람이니깐. 이렇게 글을 쓰면 나는 그냥 작가가 되는 꿈을 이룬 것만 같다. 누가 쓰라고 시키지 않는데, 자꾸 글을 쓰고 싶다. 그럼 이건 내가 좋아하는 일인 게 맞는 건가? 좀 더 쓰고 이야기하자. 자꾸 처음부터 '할 거다.'라고 열정만 내비치고 못 해내고 후회하지 말고 '그냥 해보자.' 시간이 나면 글을 쓰고 시간이 안 나도 글을 쓰고, 내 안에 있는 걸 그냥 써 내려 가보자.

글을 쓴다고 다 작가가 되진 않겠지만, 글을 쓰지 않는다면 작가는 절대 될 수 없으니깐.

2019. 11. 2

내가 왜 그렇게 힘들었는지, 힘든 삶을 살았는지,
그건 직장 탓도, 팔자 탓도, 다른 사람 탓도 아닌
'내 탓'이라는 걸 알게 되었다.
조금은 철이 든 느낌이다.

2019. 11. 12

지난 시간 중 힘들었던 시기들이 참 고맙게 느껴진다. 그렇게 힘들어 보지 않았다면, 바닥까지 가보지 않았다면, 나는 진짜 나를 영영 만나지 못했을 수도 있었으니까. 나도 향기 나는 사람이 되고 싶다. 누군가 내 향기에 자연스레 취했으면 좋겠다.

2019. 12. 31

유진아 고마워. 너의 서른일곱 살을 허투루 살아내지 않아 줘서 고맙고, 너를 위해 시간을 아낌없이 내어줘서, 무엇보다 건강하게 살아내 줘서 고마워. 서른여섯에 울기만 하던 네가 올해 웃을 수 있어 줘서 고마워. 더는 '난 왜 이렇게 힘들게 살아야만 하는 거지?'니 삶을 원망하지 않고, '난 나답게 살고 있어. 내가 선택한 삶을 사는 거야.'라고 인정하고 받아들여 줘서 고마워.

2020. 1. 23

———

내면아이를 마주하고 집에 오니 모든 것이 편안하다. 나를 반겨주는 남편과 아이들이 사랑스럽고, 험한 세상 잘 살아내고 있는 나도 사랑스럽다.

내 아이가 커서 나처럼 어린 시절 상처로 힘들어하지 않게 나도 함께 키워야 함을 절실히 느낀다. 엄마가 자기 자신을 사랑해야 아이도 사랑으로 품을 수 있기 때문이다.

나는 존재 자체로 살아있고, 빛임을 인정한다. 나의 남편도, 아이들도 똑같다. 세상 모든 사람도.

2020. 2. 7

내가 가는 길에,
내가 하는 일들에,
확신을 가지고 있진 않다.

다만, 한가지.
내가 끌려서 선택한 일들은
그게 실패하더라도
깊은 깨달음을 남기고,

그 깨달음들이
나를 성장시킨다는 것만은 확신한다.

2020. 3. 17

내가 변하지 않으면

내 삶은 절대 변하지 않는다.

2020. 5. 14
___

마법에 걸렸고,
미세먼지는 나쁨이었고,
같이 운동을 하는 친구는 못 나온단다.

하루쯤 쉬어도 될 이유로는 충분했지만
운동복을 갈아입고 집 밖을 나서는 순간
그 모든 건 핑계임을 깨닫는다.

2020. 5. 30

오늘은 혼자 걸으며 나와 이야기 한 시간.

나는 정말 내가 좋다.
사랑해 유진아.
너 참 잘하고 있어.

2020. 6. 13

새벽 6시에 독서 모임을 했다.
독서 모임이 이렇게 즐거운 걸까?
만나고 오면 긍정에너지가 가득 충전된다.

이번달 읽은 책은 『기브앤테이크』
나는 실패한 기버라고 이야기했는데
이렇게 좋은 사람들을 얻은 걸 보니
성공한 기버였다.

2020. 6. 26

오늘도 꼬닥꼬닥 걸어본다.

꼬닥꼬닥은 천천히라는 제주어이다.

워낙 느린 사람인 나는 '빨리'라는 말을 제일 싫어한다. 빨리가는 법은 모르지만, 꼬닥꼬닥 내 속도대로 걷다 보니 내가 가고 싶은 나만의 길로 걸어가고 있었다.

2020. 7. 2

"평범한 사람도 끈기가 있으면 비범해지고 비범한 사람도 끈기가 없으면 평범한 사람이 된다. 끈기는 모든 것을 이겨낸다. 세상은 기다릴 줄 아는 사람에게 보상한다. 기회는 항상 다시 돌아오는 데 끈기가 없으면 돌아오는 것을 보기 전에 그만두게 된다."

[알면서도 알지 못하는 것들] 김승호

나는 잘하지 못하니깐, 잘하는 게 없으니깐 꾸준히라도 해보자고 마음먹고 꾸준히 해보는 중이다.
포기하지 않는 이상 뭐라도 되겠지.

2020. 8. 11

작지만 나의 재능을 나누고 있다.
선한 영향력을 나누는 삶을 사는 것이 나의 꿈이기에.

아무리 나누고 싶어도 함께할 사람들이 없다면 나눌 수 없기에 나에겐 이 사람들이 내 소중한 '자산'이다.

2020. 9. 13

자신의 지식과 경험을 나누어 다른 사람의 삶을 변화시키고 싶은 사람
단순히 돈을 버는 게 아니라 가치를 나누는 사람
시간과 공간의 제약 없이 일할 수 있는 사람
주어진 일이 아닌 스스로 일을 찾아내는 사람
내가 원하는 삶을 사는 사람을 지식노마드라고 한다.

바로 내가 꿈꾸는 삶이다.

2020. 9. 24

꿈을 꾸면,

내 생각이 그 방향으로 흐르고,

그 생각은 나에게 나아갈 길을 연결해준다.

끌어당김의 법칙

2020. 11. 13

―――――――――――――――――――――――――

영국에 있는 블로그 이웃님이 보내주신 선물과 직접 손으로 쓴 편지를 받았다. 내 글을 읽고 힘이 되었고, 꿈을 찾으셨다고, 내가 잘되길 진심으로 응원한다는 찐 마음과 함께.

나는 아무것도 해준 것이 없다.
그냥 내가 하고 있는 것들을 기록했을 뿐인데 내가 더 감사한 일이다.

앞으로도 단 한사람에게만이라도 힘이 될 수 있는 글을 써보리라 다짐한다.
그전에 내 삶이 글이 될 수 있도록 진정성 있게 살아가는 것이 우선이다.

2020. 12. 15

Courage is fear walking.

용기란 두려움 속에서도 걸어 나가는 것.

새로운 시작과 도전 앞에 사실은 두려운 나에게 용기를 갖고 걸어 나가라는 이 한마디를 새기고 또 새겨본다.

2021. 2. 28.

지금 나는 과정중에 있고,
그 과정을 즐기며 살기로 했다.

지금, 여기, 오늘 하루 행복하기
오늘 하루 후회없이
오늘 내가 할 수 있는 것들에 충실하기!

오늘 내가 사는 하루가 나의 내일이 되기에
"내 시간과 노력을 들이는 만큼 나는 성장한다."

2021. 3. 4

지칠때도 많았지만,

포기하지 않은 건,

아니, 포기할 수 없었던 이유는,

소소한 나의 변화가,

누군가에게는 삶을 변화시킬 수 있는

큰 힘이 되어주고 있다는 걸 알아버렸기 때문이다.

잘 쓰든 못 쓰든 힘닿는데까지

성장하며, 글쓰며, 그렇게 살아야겠다.

2021. 4. 15

꿈은 참 신기하다.
처음 꿈을 꾸는 건 힘든데,
꾸면 꿀수록
자꾸 다른 꿈을 데려온다.

꿈과 거리두기 후,
하고 싶은 게 더 많아지는 거
머선일이지?

2021. 4. 16

"요즘 어떻게 지내요?" 라는 질문에,
"책 읽고 글쓰기에 푹 빠져 사는데, 너무 좋아요. 그냥 행복하네요."
라고 나도 모르게 행복이라는 단어를 많이 쓰고 있다.

나의 서른아홉살 안식년 프로젝트
아직까지는 성공이다.

2021. 5. 27

내 꿈의 방향성에 대해 다시 재정의를 해본다.
결국 내가 원하는 삶은 늙어서도 죽을때까지 책을 읽고,
글을 쓰며, 사람들과 소통하는 것이다.

흔들리지 말자.

2021. 6. 9

"아무것도 하지 않으면 아무 일도 일어나지 않는다."
즉, 뭐라도 하면 무슨 일이든 일어난다.

내가 찍어온 점들은 결국 연결된다.

2021. 7. 5

"나는 나를 믿어주긴 했는데, 사랑하진 않았더라구요."
긴 시간 끝에 드디어 꿈을 이룬 그녀가 말했다.
"저는 나를 사랑하긴 했는데, 믿어주진 않았어요."
내가 말했다.

나를 사랑하는 것과 믿어주는 것의 차이는 뭘까?
확실한 건 그 둘의 차이를 알고, 자신을 사랑하는지, 믿고 있는지, 아닌지를 알고 있다는 것 자체만으로도 우리 둘 다 성장하고 있다는 것이다.

나는 이렇게 정리하기로 했다.
나를 사랑한다는 것은 자존감이다. 책을 읽고, 글을 쓰는 것만으로도 충분히 가능하다.

나를 믿어주는 것은 자신감이다.
'해낼거야.'라는 말 말고, 내 몸으로 직접 해냈을 때 얻을 수 있는 것이다.

2021. 7. 12

반짝반짝 빛나는 사람이고 싶다.
잘 가꾸어진 외모가 아니라, 내면이 가득차서 그 자체로
빛이 나는 사람이고 싶다.

오늘 켈리최 유튜브 명언에서,
자기 자신을 믿는 사람은 빛이 난다고 했다.

그 이야기를 듣는 순간,
'바로 그거지.'라며 혼자 미소를 지었다.

나에게 들인 시간과 노력으로,
나를 믿고 나아가는 그런 사람이고 싶다.

2021. 9. 6

나에게 SNS란?

'내가 좋아하는 것들' 또는 '더 나다운 나'라고 이야기한다.
내가 하고 싶은 일들에 시간과 노력을 쓰고,
그것들을 글과 사진으로 기록한다.

어느덧 시간이 지나 기록들이 쌓이고 쌓여서
내 SNS는 가장 나다운 공간이 되어 있다.

꼭 누군가에게 정보를 주지 않아도,
SNS로 돈을 벌지 않아도,
내가 살아가는 데 힘이 되어줄 수 있다면
그것만으로도 충분하다.

2021. 9. 16.

우산을 쓰고 걷다가,
우산은 치우고 비를 맞으며 달렸다.

그동안 했던 우중 산책들이
오늘같은 날 도움이 된다.

세상 그 누가, 그 무엇이 나를 흔들어도
딱 내 중심을 잡고 버틸 수 있도록,
나답게 살아갈 수 있도록,
나를 단련시키는 훈련을 하고 있는 중이다.

2021. 10. 2

3년 전의 나와 지금의 내가 다르고,
1년 전의 나와 지금의 내가 다르고,
한달 전의 나와 지금의 내가 다르고,
어제의 나와 오늘의 내가 다름을 느낀다.

하루하루 성장하고 있다는 걸
나 스스로 느낀다.

2021. 10. 8

나는 올해 서른아홉살 안식년을 살아가고 있다.
여행을 다니거나 그냥 푹 쉬는 안식년은 아니다.
내 마음속에서 울리는 간절한 소리에 따라,
내가 하고싶은 것들을 하나씩 하고 있는 중이다.
이런 안식년이라면 매년 해도 좋을 거 같다.

2021. 10. 19

"괜찮아."

"잘하고 있어."

"하루하루, 나답게 살고 있으니까."

2021. 11. 12

나는 잘 될 운명이다.
신이 지금 나에게 주는 고통은
나를 더 큰일에 쓰시려는 큰 그림이다.

버텨내고 극복한다면
나는 결국 신이 주신 그 일을 해낼 것이다.

2021. 12. 1

다른 삶을 살고 싶다면,
변화하고 싶다면,
성장하고 싶다면,
성공하고 싶다면,

내 의지를 믿지 말고,
환경을 바꿔야 한다.

내가 선택한 환경은 바로 '사람'

2021. 12. 17

자기 자신을 믿을 수 있는 사람이 되기 위해 노력중입니다.

세상에서 나를 가장 잘 알고있는 사람은 '나'니까.

내가 나를 믿어줄 수 있다면,
내 삶을 내 선택들로 이끌어나갈 수 있더라구요.
그게 맞든 아니든,
내 선택에 책임은 내가 지면 되니까요.

epilogue

서른아홉 초반에 쓰기 시작했던 원고가, 결국 마흔 후반에 책으로 나오게 되었습니다. 내가 성장했던 이야기를 꼭 책으로 남기고 싶었던 간절함은 조금씩 사그라들었고, 마흔이 설레던 기대감도 조금씩 무던해지기 시작했어요. 그럼에도 불구하고 마흔을 넘기기 전에 책을 완성하기 참 다행이다 싶어요.

책을 완성하는 작업은, '내 이야기가 책이 될까?'라는 끊임없는 자기검열과의 싸움이었어요. 그 지난한 과정을 거치고 책으로 내기로 마음 먹은 지금도, 사실 부끄럽기 그지 없습니다.

'시온님 책은 꼭 나와야 한다.'고 저를 밀어주고 기다려준 니콜님과 소보로님 부부가 아니었다면, 결국 해내지 못했을 일이었을 것 같아요. '덕분에'라는 말을 하도 해서 귀가 닳으셨을지도 모르겠지만, 정말 덕분에 책을 완성할 수 있었어요.

"도대체 엄마 책은 언제 나와?"라고 기다려준 아이들과 남편에게도, "시온님 책은 어디서 살 수 있는거예요?"라고 물어보던 친구들에게도 체면치레를 할 수 있게 되었네요.

생각만큼 마흔이 되었다고 제 삶은 크게 달라지진 않았습니다. 하지만, 나 자신을 알고, 내가 원하는 삶이 뭔지 알게 되었다는 것만으로도 괜찮습니다. 마흔, 삶은 이제부터 시작이니까요.

마흔, 나를 빛내는 시간

초판 1쇄 발행 | 2022년 12월 10일

지은이	라이팅시온
디자인	soboro
일러스트	soboro

펴낸곳	더나나 스토리 (대표 신유진)
전화	010-3235-2292
ISBN	979-11-980285-0-1

홈페이지	http://blog.naver.com/yj2292
SNS	www.instagram.com/jeju_sion2292
전자우편	yj2292@naver.com
출판등록	2022. 8. 17 (제2022-000047호)

이 책에 실린 내용 일부나 전부를 다른 곳에 쓰려면
반드시 저작권자의 동의를 받아야 합니다.